Paramahansa Yogananda
(1893 – 1952)

METAFÜÜSILISED MEDITATSIOONID

UNIVERSAALSED PALVED,
JAATUSED JA
VISUALISATSIOONID

AUTOR

PARAMAHANSA YOGANANDA

Los Angeleses (Californias) asuva *Self-Realization Fellowshipi*
välja antud raamatu originaali tiitel inglise keeles:
Metaphysical Meditations

ISBN-13: 978-0-87612-041-5
ISBN-10: 0-87612-041-9

Tõlge eesti keelde: Self-Realization Fellowship
Copyright © 2015 Self-Realization Fellowship

Kõik õigused reserveeritud. Kui välja arvata lühikesed tsitaadid raamatu arvustustes ja muul seaduslikul viisil, ei tohi ükski osa olla reprodutseeritud, salvestatud, edastatud või välja pandud mingil kujul või ükskõik, mil viisil (elektroonselt, mehhaaniliselt või muul moel), praegu teada oleval või hiljem leiutatud, kaasa arvatud fotokoopiate, salvestuse või muul teabe salvestamise ja otsingu süsteemi näol, ilma eelneva kirjaliku kirjastajapoolse loata Self-Realization Fellowshipilt, 3880 San Rafael Avenue, Los Angeles, California 90065-3219, U.S.A.

Autoriseeritud *Self-Realization Fellowshipi*
Rahvusvahelise Kirjastusnõukogu poolt.

Ülaltoodud *Self-Realization Fellowshipi* nimi ja embleem on SRFi raamatutel, salvestistel ja teistel trükistel, tagades lugejale, et töö pärineb Paramahansa Yoganada asutatud ja tema õpetusi ustavalt edastavalt ühingult.

Esimene eestikeelne väljalase: Self-Realization Fellowship, 2015
First edition in Estonian from *Self-Realization Fellowship*, 2015

Käesolev trükk: 2015
This printing: 2015

ISBN-13: 978-0-87612-711-7
ISBN-10: 0-87612-711-1

1370-J3141

SELLEST RAAMATUST

Ameerikas veedetud varajastel aastatel, avalikel loengutel ja laiahaardelistel kõnetuuridel, samuti hiljem tema enda asutatud Self-Realization Fellowshipi[1] templites juhtis Paramahansa Yogananda oma kuulajaskonna tihti afirmatsiooni, kujustamisse või palvuslikku manamisse. Peegeldades müriaade viisidest, mille kaudu Mõõtmatut Vaimu võiks kõnetada või tajuda, on „Metafüüsilistel meditatsioonidel" laialdane külgetõmme. Peale 1925. aastat, mil Sri Yogananda asutas Los Angeleses oma ühingu rahvusvahelise peakorteri ja alustas *East-West* ajakirja väljaandmist (millele ta andis 1948. aastal nime *Self-Realization*), trükiti selles ajakirjas palju selliseid meditatsioone. 1932. aastal kirjastas Self-Realization Fellowship neist peaaegu 200 raamatuna *„Metafüüsilised meditatsioonid"*. Sellest ajast on see teos olnud pidevalt trükis, millele aastatel 1952 ja 1964 lisandusid täiendatud väljaanded. Lootuse ja inspiratsiooni allikana on sel raamatul kasvav publik kõiki usundeid esindavate lugejate seas.

Self-Realization Fellowship

---

[1] EneseteostuseVennaskond. Paramahansa Yogananda on seletanud, et nimi Self-Realization Fellowship tähendab vennaskonda Jumalaga läbi Kõrgeima Mina teostuse ja samuti sõprust kõigi tõdeotsivate hingedega. Vaadake samuti peatükki "Self-Realization Fellowshipi eesmärgid ja ideaalid".

PALVE ÜHENDATUD MAAILMA HEAKS

Paramahansa Yogananda

MÕISTKU KÕIGI MAADE JA RASSIDE JUHID, et kõigist rahvustest inimesed on füüsiliselt üks tervik, sest me oleme samade vanemate – sümboolse Aadama ja Eeva järeltulijad ning vaimselt üks, sest et me oleme oma Isa surematud lapsed, seotud igavese vendluse sidemega.

Palvetagem oma südameis Hingede Liiga ja Ühendatud Maailma eest. Kuigi me paistame olevat eraldatud rassi, usutunnistuse, nahavärvi, klassikuuluvuse ja poliitiliste eelarvamuste tõttu, oleme me siiski ühe Jumala lastena võimelised tundma oma hinges vendlust ja maailma ühtsust. Töötagem Ühendatud Maailma loomise heaks, kus igal rahval on Jumala poolt juhituna ning inimeste valgustunud südametunnistuse vahendusel oma kasulik osa.

Me kõik võime oma südameis õppida, kuidas olla vabad vihkamisest ja isekusest. Palvetagem kõigi rahvuste harmoonia eest, et nad sammuksid käsikäes läbi uue helge tsivilisatsiooni värava.

EESSÕNA

MEDITATSIOON on Jumala-teostuse teadus. See on kõige praktilisem teadus maailmas. Enamus inimesi mediteeriks, kui nad mõistaksid selle väärtust ja kogeksid selle kasutoovat mõju. Meditatsiooni lõplikuks sihiks on teadlikkus Jumalast ning igavese ühtekuuluvuse saavutamine Temaga. Mis oleks veel eesmärgipärasem ja kasulikum, kui inimeste piiratud võimete rakendamine Looja kõikjalolemisse ja kõikvõimsusse? Jumala teostamine annab mediteerijale Issanda rahu, armastuse, rõõmu, väe ja tarkuse õnnistused.

Meditatsioon kasutab keskendumist selle kõrgemas tähenduses. Keskendumine tähendab tähelepanu eemaldamist segavatelt asjaoludelt ja selle suunamist kindlale huvipakkuvale mõttele. Meditatsioon on spetsiaalne keskendumise vorm, kus tähelepanu vabastatakse ärevusest ja suunatakse täielikult Jumalale. Meditatsioon on seega keskendumine Jumala teada- ning tundasaamiseks.[1]

Vastuseks vaimustunud pühendunute armastusele ilmutab Jumal End erinevates kosmilistes vormides. Ta ilmutab End ka Tõena, jumalike omadustena, looduse loova väe ja iluna, suurte pühakute ja avataarade (jumalike kehastuste) elude kaudu ning iga inimolevuse hinges. Seega toob meditatsioon esile kõigis neis kontseptsioonides esineva kõikjaloleva Absoluudi – Tema, kes on alati olemas, alati teadvel, alati uus Õndsus – sügava mõistmise. Ja kuna meditatsioon

---

[1] Täielikud juhised Paramahansa Yogananda õpetatud meditatsiooni teaduslike meetodite teooria ja praktika kohta on antud „*Self-Realization Fellowshipi õppetundides*".

Metafüüsilised meditatsioonid

annab otsese Jumala tajumise, tõstab ta sellega religiooni praktiseerimise dogmade erisustest kõrgemale.

Selles raamatus on kolme tüüpi meditatsioone: Jumalale suunatud palved või armastavad nõudmised, jumalikku tõde väljendavad jaatused ehk afirmatsioonid ning teadvustamiseks mõeldud vaimne juhatus ja inspiratsioon. Valige välja meditatsioon, mis rahuldab kõige paremini teie praeguseid vajadusi. Selleks, et aidata oma mõistusel fookuses püsida, viljelege järgnevat meditatsioonijuhist. Istuge kõva põhjaga toolil või ristatud jalgadega tugeval alusel. Hoidke selg sirge ja lõug paralleelselt põrandaga. Sulgege silmad ja viige oma tähelepanu kulmude vahelisse punkti. Seal asub inimese keskendumisvõime aujärg – vaimne silm või jumalik taju. Viljelege väljavalitud meditatsiooni, kinnistades tähelepanu rahu ja keskendumise keskusele. Korrake sõnu aeglaselt valjusti või mõtteis ning keskenduge neile teadlikult, kuni olete täielikult haaratud nende seesmisest tähendusest. Mediteerige, kuni see kontseptsioon, millele te mediteerite, muutub osaks teie enda teadvusest.

Esimene tõendus Jumala olemasolust on sõnulseletamatu rahu. See kasvab inimlikult hoomatavaks rõõmuks. Kui te kord olete puudutanud tõe ja elu allikat, vastab teile kogu loodus. Leidke Jumal seespool, siis leiate Ta ka väljaspool, igas inimeses ja kõigis tingimustes.

SISUKORD

Palve ühendatud maailma heaks vi

Eessõna vii

Kui te tahate tema vastust (poeem) x

Pühendumine ja rituaalne jumaldamine 3

Meditatsioonid Jumalale 27

Teadvuse avardumine 41

Jumala leidmisest 57

Materiaalsetest muredest 71

Eneseparandamisest 89

Jõulumeditatsioonid 109

KUI TE TAHATE TEMA VASTUST

Paramahansa Yogananda

Kas ta vastab või mitte
jätka kutsumist –
kutsudes Teda alati
oma katkematu palve
kambris.

Kas Ta tuleb või mitte
usu, et Ta on alati lähenemas
Sinu poole
Sinu südame armastuse käsul.

Kas vastab või ei
jätka Tema anumist
isegi kui Ta ei vasta
siis, kui Sa ootad
tea alati, et mingil peenel viisil
Ta vastab.

Sinu sügavate palvete pimeduses
tea, et Ta mängib Sinuga peitust.

Ja keset elutantsu, haigusi ja surma
kui Sa jätkad Tema kutsumist
rusutud Tema näivast vaikimisest
siis saad Sa Temalt vastuse.

PÜHENDUMINE JA RITUAALNE JUMALDAMINE

MEDITATSIOONI ALUSTAMINE

Lukustage laugudega oma silmade uksed ja lülitage välja kiusavate tegevuspiltide metsik tants. Pillake oma mõistus südame põhjatusse kaevu. Hoidke mõistus eluandvast verest voogava südame ligi. Hoidke oma tähelepanu südame külge seotuna, kuni tunnete selle rütmilist tukslemist. Tundke iga südamelöögiga kõikvõimsa Elu rütmilist tukslemist. Kujustage sedasama kõikeläbivat Elu koputamas miljonite inimolevuste ja miljardite teiste olendite südameuksele. Südametukse kuulutab lakkamatult teie teadvuse ukse taga alandlikult ootavat Mõõtmatut Väge. Kõikeläbiva Elu õrn rütm ütleb teile tasa: „Ärge võtke vastu pelgalt Minu elu väikest voolu, vaid avardage oma tundevõimete piire. Lubage Mul ujutada kõikehõlmava elutukslemisega üle teie veri, mõistus, tunded ja hing".

Metafüüsilised meditatsioonid

MENTAALSE VABANEMISE ÄRATAMISEKS

ISTUGE RAHULIKULT, SELG SIRGE. Katke oma kärsitud silmamunad silmalaugudega. Hoidke neid paigal. Seejärel vabastage oma mõistus keharaskuse teadvusest. Lõdvestage raskete lihaste ja kehaluude külge kinnitunud närvinöörid. Unustage ihukanga külge seotud kondihunniku kandmise vaev. Puhake. Vabastage oma mõistus koormalooma teadvusest. Ärge mõelge oma kehakoormast, vaid tajuge oma hinge lahtiseotust pidevast materiaalse raskuse tundest. Reisige mentaalselt oma unistuste lennukil – teie üleval, teie all, teist vasakul, paremal – mõõtmatuses – kuhu iganes te tahate minna. Tundke seda ja mediteerige sellele kehast vabanemise hetkel. Unistage, püsige selles ja tundke vaikselt istudes seda kehast kõrgemal olemist – vabaduse teadvus suureneb pidevalt.

UNIVERSAALNE PALVE

SÄRAGU SU ARMASTUS igavesti minu pühendumise pühamus ja olgu ma võimeline äratama Sinu armastust kõigis südameis.

Pühendumine ja rituaalne jumaldamine

Oo, Isa, võta vastu mu hinge ind, kehastuste pühendumus, ajastute armastus, mida ma oma südame võlvkambris luku taga olen hoidnud.

Jumalik Isa, olen oma vaikuse templisse rajanud Sulle aia, kus õitsevad minu pühendumise õied.

Oma püüdleva südame, agara mõistuse ja leegitseva hingega asetan ma Sinu jalgade kõikjalolemise ette oma pühendumise lilled.

Oo, Vaim, ma teenin kummardades Sind Looduse templis oleva ilu ja arukusena. Ma kummardan Sind tegevuse templis peituva väe ja vaikuse templis asuva rahuna.

MA OOTAN SIND

MU SÜDAME KESKMES on mul Sinu jaoks troon. Minu rõõmude küünlad on Sinu tuleku ootuses hägusalt läidetud. Need põlevad eredamalt, kui Sa ilmud. Kas sa tuled või mitte, ma ootan Sind, kuni mu pisarad sulatavad üles kogu maise jämeduse.

Et Sulle meele järgi olla, pesevad mu lõhnavad

pisarad Sinu vaikuse jalgu. Hoian oma hingealtarit tühjana nii kaua, kuni Sa tuled.

Ma ei räägi, ma ei küsi Sinult midagi. Mõistan, Sa tead mu südame kihvatusi - oodates Sind.

Sa tead, et ma palvetan. Sa tead, et ma ei armasta kedagi teist. Ja ikkagi, kas Sa tuled mu juurde või mitte – ma ootan Sind – möödugu või igavik.

Ma kihutan minema kogu ängi, teen meditatsioonis ülima pingutuse tajumaks Jumalat, kuni Ta viimaks ilmub.

MINU OHVERDUS SULLE

IGAL HOMMIKUL ohverdan ma oma keha, mõistuse ja kõik võimed. Ma tean, et kogu töö on Sinu töö ja et ükski ülesanne pole liiga raske või orjalik, kui see on armastavas teenimises ohverdatud Sulle.

Jumalik Ema, nõuan hingekeeli Sinu kohaloleku teostumist. Sina oled kõige põhiolemus. Pane mind nägema Sind iga oma kehakiu, iga mõtteraasuga. Ärata üles mu süda!

Armastatud Isa, mu sõnatud püüdlused Sinu poole laulavad rütmi ühes mu südametuksetega. Ma tunnen Su kohalolekut kõigis südametes. Ma tajun Su kätetööd gravitatsioonis ja loodusjõududes. Kõigi olevuste sammumistes kuulen ma Sinu samme.

Sina, nähtamatu Hingede Südametevõitja, Sa oled sõpruse rüpest voolav allikas. Sa oled salajane kiirgus, mille soojus avab tunnete pungad imeliste õitena, hingeliste luulesõnade ja lojaalsusena.

Kui ma kiirgan kaastunnet ja heatahtlikkust teistele, siis avan ma kanali, et Jumala armastus saaks tulla minu juurde. Jumalik armastus on magnet, mis tõmbab ligi õndsust.

Isa, sisene minu hinge mu südame pühendumises ja tulihingelistes palvetes.

Ma ei klammerdu liiga palju asjade külge, sest see paneb mind Jumalat unustama. Vara kaotus

Metafüüsilised meditatsioonid

pole karistus, vaid test, nägemaks, kas me armastame materiaalseid asju enam kui Mõõtmatut Issandat.

Kuuletun Sinule distsipliini templis,
armastan Sind pühendumise templis,
kummardan ja teenin Sind oma armastuse
    templis,
puudutan Su jalgu vaikuse templis,
vaatan Su silmi rõõmu ja naudingu templis,
tunnen Sind tugeva tunde templis,
võitlen Sinu eest tegude templis,
naudin Sind rahu templis.

Ma ärkan koos koiduga ja äratan oma magava armastuse, et ta tõuseks üles tõelises, sisemises rahu-Jumala pühendumise valguses.

Taevane Isa, võta selles nähtamatus pühendumise graniidist ehitatud kirikus vastu minu palvetes uuenenud alandlikud südameohvrid.

Jumalik Ema, ava minu pühendumise õiepung täielikult ja vabasta selle lõhn, et see võiks levida minu hingest teiste hingeni ja sosistada Sinust.

Pühendumine ja rituaalne jumaldamine

MA OLEN KUULNUD SU HÄÄLT

JUMALIK EMA, ma olen kuulnud Su häält sosistamas roosi lõhnas. Ma olen puudutanud Sinu õrnust liilia pehmuses. See oli Sinu armastus, mis mulle tasahääli pühendumises vastas.

Kristus on üles tõusnud minu ükskõiksuse hauakambris ja ma näen teda oma pühendumise valguses. Mina, Jumala magav poeg, tulen välja oma kehalisest vanglast ääretu Vaimu vabadusse.

SUREMATU PÜHENDUMINE

OO, SINA SUUR Armastaja, Sina oled Elu, Sina oled Eesmärk, Sina oled mu Soovihalus. Päästa mind ära Oma eksikujutluse *maajast*.[1]

Kiusa mind selle asemel Enda kohalolekuga. Armastatud Issand, täida mu süda surematu pühendumisega vaid Sulle.

---

[1] Eksitav loomise sõba, millise vormide paljusus peidab Ühte Vormitut Tõde.

Metafüüsilised meditatsioonid

MINU VAIKUSE KAEV

TEMA NAER PÜÜDIS KINNI mu südame. Tema rõõm vallutas mu kurva südame, kui kiikusin võrkkiiges mändide vahel sinise taeva all.

Ma tundsin taevast liikvel ja Tema kohalolu liikumas läbi minu. Mu keha muutus vaikseks, vaikuse vägi kaevus mu põue, pursates otsekui põhjatust lättest.

Mu kaevu mulisevad veed käratsesid, kutsudes janust ümbrust mu inspiratsioonidest jooma. Äkitselt tõmbas määratu sinine laotus huuled torru ja kastis oma suu minu südame kaevu. Männid, möödaseilavad pilved, mäed, maa ja planeedid kastsid oma suud minu õndsuse kaevu. Kogu loodu jõi minust. Ja kui siis janu täis, sukeldusid nad minu surematuse vetesse. Nende materiaalsed kehad puudutasid mu hinge ümberkujundavat veekogu ning said puhtaiks ja valgustkiirgavaiks. Nii nagu suhkrukristallid sulavad särava veega täidetud potis, lahustusid minu vaikuseookeanis pilvekesed, kõrged künkad, kaunid vaated, tähed, järved, maailmad, naerva mõistuse ojakesed, aga ka kõigi kehastuste radadel reisivate olendite pikad ja käänulised auahnete taotluste jõed.

Pühendumine ja rituaalne jumaldamine

Oo, Mõõtmatu Taju Jumalik Karjane – päästa oma mõtete lambukesed, kes on eksinud ära rahutuse padrikusse ja juhi nad tagasi Oma vaikuse rüppe.

Armas Isa, lase Oma kohalolul kauemini hõõguda minu pühendumise sütel.

Armas Jumal, rebi minu andumuse lootoseõis maise unustuse mudast ja kanna seda Oma igavese ärkvelolu rinnas.

Ma kummardan Su ette, oo Jumal, Sinu taeva- ja loodusetemplis ning inimvendade hingetempleis.

MA AUSTAN JUMALAT KÕIKJAL

MA KUMMARDAN mõõtmatu Isa ette, kes on end ilmutanud paljudes Tema auks püstitatud kirikutes ja templites. Ma teenin austuses Ühte Jumalat erinevate religioonide altareil.

Täna kummardan ja austan Jumalat sügavas

Metafüüsilised meditatsioonid

vaikuses ja ootan Tema vastust meditatsiooni kasvavas rahus.

Ma segan oma seesmised pühendumuse sosinad kõigi pühakute palvetega ja ohverdan neid jätkuvalt vaikuse ja tegevuse templites, kuni kuulen Tema häält.

See päev tõotab tulla minu elu parim päev. Täna alustan ma uue otsusekindlusega, asetades oma pühendumise igavesti Kõikjaloleva jalge ette.

AVARDUV ARMASTUS

(Mediteerige, tunnetage ja toetuge sellele)

MINU ARMASTUSE KUNINGRIIK avardub. Ma armastan oma keha üle kõige. Tema kaudu tuntakse mind ära ja temaga olen ma piiratud. Samamoodi armastan ma neid, kes mind on eales armastanud. Nende arm on minus avardunud armastuseks nende vastu, kes on minu ümber. Armastades ennast ja neid, kes on mulle kallid, saan armastada kõiki võõraid. Ma panen välja kogu oma armastuse, et armastada nii neid, kes mind ei armasta kui ka neid, kes mind armastavad. Ma emban

Pühendumine ja rituaalne jumaldamine

oma isetus armastuses kõiki hingi. Minu armastuse meres ujuvad mu pereliikmed, kaasmaalased, kõik rahvad ja kõik olevused. Kogu loodu, müriaadid tillukesi asju – kõik nad tantsivad minu armastuse lainetel.

Ma rikastan end Sinu kohalolu parfüümiga ja ootan tuulepuhangus Sinu armastuse sõnumit kõigile.

Oma maise ema armastuse templis teenin ja kummardan ma Jumaliku Ema kehastunud armastust.

Oo, Jumal, Sinu pühas jumalikus armastuses puhastan ja täidan kogu oma ihaluse armastuse järgi.

Armastatud Mõõtmatu – ma hoian Sind igavesti oma surematu armastuse tugevate müüride taga.

Jätkan Su armastamist vaatamata sellele, kas vastad mu nõudmistele ja palvetele või ei.

Metafüüsilised meditatsioonid

Oo, Isa, õpeta mind elavdama oma palveid Sinu armastusega. Lase mul mõista Sinu lähedust mu enda palvetavas hääles.

Ma tean, et Sa kuulad mu hinge vaikseid sõnu just mu armastuse nõudlemise taga.

Ma näen, kuidas kõigi südamete kaudu kingib Jumal Ise mulle Oma jumaliku armastuse.

Olgu ma ulakas või hea, ma olen Sinu laps. Patune või pühak, ma olen Sinu oma.

Õpeta mind jooma oma igavikulist rõõmunektarit meditatsiooni purskkaevust.

Jumalik Isa, õpeta mind kummardama Sind austavas teenimises oma seesoleval vaikuse altaril ja välisel tegevuste altaril.

Armastatud Jumal, puhasta mind räbust. Kihuta haigused ja vaesus igaveseks maailmast. Kihuta ignorantsus inimhingede kallastelt.

Pühendumine ja rituaalne jumaldamine

MEDITATSIOONID JUMALALE

VAATA küünlavalgust ja sule oma silmad. Unusta enda ümber olev pimedus ja märka läbi laugude kumavat erepunast värvilaiku. Vaata tähelepanelikult sellesse violett-punasesse valgusse. Mediteeri sellele ja kujutle, kuidas see aina suureneb ja suureneb. Näe enda ümber tuhmilt säravat violetse valguse merd. Oled selle valguse laine, merepinnal hulpiv rahuvirvendus.

Vaata nüüd tähelepanelikult. Sind pillutatakse valguse ookeanil väikese lainena. Sinu tilluke elu on kõikeläbiva Elu osa. Kui meditatsioon süveneb, kasvab Sinu väiksest madalast rahulainest sügav ja avar rahuookean.

Mediteeri mõttele „Mina olen Rahulaine". Tunne oma teadvuses määratut avarust. Laine peaks tajuma oma all voogamas elu alalhoidvat määratusuurt ookeani.

JUMALA KAITSEV KOHALOLEK

ÕPETA MIND tundma, et mind ümbritseb alati Sinu kõikekaitsev ja kõikjalolev aupaiste – sünnis, kurbuses, rõõmus, tegevustes, meditatsioonis, ignorantsuses, katsumustes, surmas ja lõplikus vabanemises.

Õpeta mind avama meditatsiooniväravat, mis ainsana viib Sinu õnnistatud kohaloluni.

Minu teadvuse laine taga mäsleb kosmilise teadvuse meri. Minu mõistuse virvenduse all loksub Sinu määratu suuruse toetav ookean. Sinu Jumalik Mõistus kaitseb mind.

Sinu headuse valgus ja kaitsev vägi säravad minus alati. Ma ei näinud neid varem, sest mu tarkuse silmad olid suletud. Nüüd aga on Sinu rahupuudutus avanud mu silmad: Sinu headus ja lakkamatu kaitse voolavad minust läbi.

MA ÜLISTAN SIND

OO, TAEVANE ISA, ma ülistan Su hiilgust, meis peituvat paradiislikku ilu. Valin elu Sinu armastuse aroomist täidetud hingeõnne ja õilsate mõtete aias.

Pühendumine ja rituaalne jumaldamine

Oo, Vaim, tee minu hingest Enese tempel, kuid tee mu südamest Oma armastatud kodu, kus Sa asuksid koos minuga – kerguses ja igikestvas mõistmises.

Kas sa avaksid oma vaikusehuuled ja sosistaksid juhtmõtteid mu hingele?

Armastatud Issand, õpeta mind tundma, et Sina oled ainus käivitav vägi ja et Sinu kui Tegija äratundmises peitub kogu mu elukogemuse väärtus. Õpeta mind nägema Sind kui ainsat Sõpra, kes mind mu maiste sõprade kaudu aitab ja julgustab.

Taevane Isa, tänasest alates püüdlen ma Sinu tundmise poole – teen pingutuse Sinuga sõbrustamiseks. Täidan kõik oma kohustused mõttega, et ma teostan nende kaudu Sind ja saan olla niiviisi Sulle meele järgi.

Kogu elu on võitlus rõõmu pärast. Lase mul võita see lahing siin ja praegu.

Kui mu juurde tuleb hirm, vihkamine või mingit sorti kannatus, siis jälgin ma seda vaatlejana. Ma eraldan ennast oma kogemusest. Säilitan iga hinna eest rahu ja õnnetunde.

Armastatud Isa, ma mõistan, et ülistamine ei tee mind paremaks ega laitus halvemaks. Ma olen oma südametunnistuse ja Sinu ees see, kes ma olen. Ma reisin edasi, tehes kõigile head ja püüan olla alati Sinu meele järgi – seeläbi leian ma enda tõelise õnne.

VÕTA SEE PIMEDUS ÄRA

KOSMILINE EMA, võta ära see pimedus! Kui ma istun suletud silmadega, haaratuna enese loodud varjudest, laota oma intuitsiooni virmaliste sära üle minu.[1]

Jumalik Ema, tõmba kõrvale Oma kosmilise linateose sädelev eesriie ja näita mulle Oma eksikujutlust hajutavat halastuse nägu.

Oo, pimestav Valgus! Ärata mu süda, ärata mu hing, sütita mu pimedus, rebi katki vaikuse eesriie ja täida mu tempel Oma hiilgusega.

---

1 Otse ja spontaanselt hingest, mitte meelte või arutlemise eksliku vahendamise kaudu ammutatud teadmine.

Pühendumine ja rituaalne jumaldamine

Taevane Isa, hävita meis ajastutepikkune vale mõtlemine — et me oleme nõdrad inimolevused. Ilmuta End valgusena arutlemise taga — sügavas tarkuse lõõmas.

ÕPETA MIND END AUSTAVALT TEENIMA

ARMASTATUD ISA, ÕPETA mulle minu olemasolu müsteeriumi! Õpeta mind teenima Sind austavalt hinguseta ja surematuna. Põleta mu ignorantsus pühendumise tules. Tule Isa, tule — minu hingevaikuses! Võta mind endale ja tee nii, et tunneksin enese sees ja ümber Sinu surematut kohalolekut.

Oma mõistuse üksinduses janunen ma kuulda Sinu häält. Võta ära ikka veel minu mälus ringi hiilivad maiste helide unenäod. Ma tahan alati oma hinge vaikuses kuulda laulmas Sinu vaikset häält.

Mu Issand, nii kuis Sina oled kõikjalolev, just nõnda oled Sa minus siin ja praegu. Sul on kõikvõimsus ja kõigeteadmine. Need on ka minu hinge tunnusteks. Olgu ma võimeline avama kasvõi osakestki Tollest, mis asub minu Ises.

MA JOON SU RÕÕMU

MA JOON elujõudu päikese kuldsest purskavast allikast, joon rahu kuupaistelise öö hõbesillerdavast lättest. Ma joon Sinu väge tuule võimsast karikast, joon kõigist oma mõtete väikestest tassidest Sinu kõigeteadmise rõõmu ja õndsust.

Ma püsin alati ärkvel Sinu õnnistatud valguses ja vaatan läbi igaviku ajastute igavesti valvsate silmadega Sinu kaunist kõikjalolevat nägu.

Ma otsisin Jumala armastust surelike kiindumuste viljatus kuivuses. Peale ekslemist inimliku kaastunde kõrbes, leidsin lõpuks Jumaliku armastuse ammendamatu oaasi.

Isa, õpeta mind nõudma tagasi oma sünniõigust ja elama surematuna.

Pühendumine ja rituaalne jumaldamine

Oo, Jumalik Sõber! Kuigi minu ignorantsuse pimedus võib olla sama vana kui maailm, siis pane ikkagi mind mõistma, et Sinu valguse koidikul haihtub pimedus, justnagu poleks teda olnudki.

Mis on see elu, mis mu veenides tuksleb? Kas saab see olla veel midagi muud kui jumalik?

Taevane Isa, lasku mu sisse. Pane mind tundma, et Sa asud mu ajus, mu selgroos ja sügavamates mõtetes. Ma kummardan Su ees.

Isa, olen eksinud valeuskumuste tühermaal – ma ei leia oma kodu. Tõuse mu meeletaeva pimeduse ja ebakindla mõistuse kohale. Juhi mind Endasse, kus ongi mu Kodu.

Õpeta mulle, oo Kristus, kuidas vabastada mu materiaale müüdud mõistus, et võiksin oma palves ja ekstaasis, meditatsioonis ja uneluses anda selle Sulle.

NÄITA ENNAST

TULE SINA, oo Isa – näita Oma Kohalolu määratusuurt kuningriiki! Näita End! Õpeta mu südant palvetama, mu hinge tajuma, et kõik uksed avanevad ja Sa ilmutad End.

Oo, Kosmiline Valgus, ma näen iga päev, kuidas Sa värvid taevast erkude värvidega. Ma vaatan, kuidas Sa riietad palja mulla rohelise rohuga. Sa oled päikesepaiste soojus. Oo, oled nii lihtsalt igal pool! Ma kummardan Su ees.

Õpeta mind hoidma Su nägu oma seesmise vaikuse peeglis.

Jumalik Armastatu, pane mind nüüd ja alati teadma, et Sa oled olnud alati minu oma, alati minuga. Minu vigade-uned on minevik, maetud unustuse hauakambrisse. Ma olen ärkvel, peesitamas Sinus – elu päikesepaistes.

Jumala külluse ookean voolab läbi minu. Ma olen Tema laps. Ma olen kanal, mille kaudu voolab kogu jumalik loov vägi. Isa, õnnista mind, et otsiksin üle kõige ja esmalt Sind, nagu on kohane Su tõelisele lapsele.

Armastatud Jumal, luba mu pühendumise lilledel mu südames Sinu tuleku koitu oodates õide puhkeda.

Pühendumine ja rituaalne jumaldamine

Armas Isa, ava kõik usu aknad, et võiksin Sind selles rahulossis näha. Paiska lahti kõik vaikuse uksed, et võiksin Su õndsuse templisse siseneda.

Armastatud Jumal, kaitse mu mõistuse taevast templit paheliste mõtete jonnakate sõdalaste eest.

Ma tean, et ma olen vastutav iseenda heaolu eest. Seetõttu heidan ma kõrvale kõik kasutud püüdlused ja jõudeaja mõtted – et leida igapäevaselt aega Jumala jaoks.

Mu Taevane Isa, Sina oled Armastus ja mina olen tehtud Sinu näo järgi. Ma olen kosmiline Armastuse sfäär, näen kõiki planeete, kõiki tähti, kõiki olevusi ja kogu loodut sädeleva valgusena. Ma olen kogu universumit valgustav Armastus.

Oo Armastuse fontään! Pane mind tundma, et Su kõikjalolev armastus ujutab üle mu südame.

Ma tahan Sind, Oo Jumal, et võiksin Sind anda kõigile!

Südamete Isa, ärata minus igaveseks Oma armastava kohalolu teadvus.

Metafüüsilised meditatsioonid

Jumalik Isa, õpeta mind üha uuesti sukelduma sügavamale ja sügavamale meditatsiooni, kuni ma leian Sinu surematu tarkuse ja jumaliku rõõmu pärlid.

Vaiksete mõtete troonilt juhatab Rahujumal täna mu tegevusi. Oma rahu uksest uhun ma oma vennad Jumala templisse.

Olgu mu olemise laine suur või väike, ikka on mu taga sama Eluookean.

Ma mõtlen, kuni leian lõpliku vastuse. Muudan mõttejõu valgusvihuks, mille eredus näitab mulle Kõikjalolemise nägu.

Õpeta mind Sinust mõtlema, kuni Sa muutud mu ainsaks mõtteks.

Oo Isa, olgu mu proovilepanekud millised tahes, lase mul neid rõõmsalt taluda ja tunda oma südames alati Su kohalolekut. Nii näivad kõik elukomöödiad ja –tragöödiad ei midagi muud kui ekstaatilise lõbustamise näitemängud.

Isa, kanna mu teadvus üle piirangute, mille on

Pühendumine ja rituaalne jumaldamine

loonud teised või mu enda nõrgad mõtted – mõistmiseni, et mina olen Sinu lapsena Sinu mõõtmatute valduste kuningriigi omanik.

Oo, Leegitsev Allikas, kinnistugu Sinu valgus minu sees, minu ümber, kõikjal.

Tõeline joogi tunneb oma südametukseid kõigis südameis, oma mõistust kõigis mõistustes, oma kohalolekut kogu liikumises. Ma saan tõeliseks joogiks.

Oo, Isa, näita mulle Sinuni viivat kiirteed. Täida mu süda tuliste püüdlustega. Õpeta mind kuulama pühendumise kajas Sinu häält.

Oma hinge vaikuses kummardan ma alandlikult Sinu kõikjalolemise ees, teades, et Sina juhid mind eneseteostuse teel alati edasi ja kõrgemale.

Oo, Issand, Sinu armastus, mis voolab läbi inimsüdamete, on mind peibutanud, leidmaks Sinus täiusliku armastuse allika.

Jumalik Vaim, ma otsin Sind, kuni ma Su leian. Leides Sinu, võtan ma aupaklikult vastu kõik kingid, mis Sa soovid. Kuid ma ei küsi tervest igavikust kingiks midagi muud, kui vaid Sind.

Ma tulen Su juurde palves kätega, kummargil päi, süda täidetud austuse mürriga.

Sina oled mulle mu Vanemad, sest olen Sinu laps. Sina oled Meister ning ma kuuletun Sinu hääle vaikivale käsule.

MEDITATSIOONID JUMALALE

MEDITATSIOONID JUMALALE

VAATA küünlavalgust ja sule oma silmad. Unusta enda ümber olev pimedus ja märka läbi laugude kumavat erepunast värvilaiku. Vaata tähelepanelikult sellesse violett-punasesse valgusse. Mediteeri sellele ja kujutle, kuidas see aina suureneb ja suureneb. Näe enda ümber tuhmilt säravat violetse valguse merd. Oled selle valguse laine, merepinnal hulpiv rahuvirvendus.

Vaata nüüd tähelepanelikult. Sind pillutatakse valguse ookeanil väikese lainena. Sinu tilluke elu on kõikeläbiva Elu osa. Kui meditatsioon süveneb, kasvab Sinu väiksest madalast rahulainest sügav ja avar rahuookean.

Mediteeri mõttele „Mina olen Rahulaine". Tunne oma teadvuses määratut avarust. Laine peaks tajuma oma all voogamas elu alalhoidvat määratusuurt ookeani.

JUMALA KAITSEV KOHALOLEK

ÕPETA MIND tundma, et mind ümbritseb alati Sinu kõikekaitsev ja kõikjalolev aupaiste – sünnis, kurbuses, rõõmus, tegevustes, meditatsioonis, ignorantsuses, katsumustes, surmas ja lõplikus vabanemises.

Õpeta mind avama meditatsiooniväravat, mis ainsana viib Sinu õnnistatud kohaloluni.

Minu teadvuse laine taga mäsleb kosmilise teadvuse meri. Minu mõistuse virvenduse all loksub Sinu määratu suuruse toetav ookean. Sinu Jumalik Mõistus kaitseb mind.

Sinu headuse valgus ja kaitsev vägi säravad minus alati. Ma ei näinud neid varem, sest mu tarkuse silmad olid suletud. Nüüd aga on Sinu rahupuudutus avanud mu silmad: Sinu headus ja lakkamatu kaitse voolavad minust läbi.

MA ÜLISTAN SIND

OO, TAEVANE ISA, ma ülistan Su hiilgust, meis peituvat paradiislikku ilu. Valin elu Sinu armastuse aroomist täidetud hingeõnne ja õilsate mõtete aias.

Oo, Vaim, tee minu hingest Enese tempel, kuid tee mu südamest Oma armastatud kodu, kus Sa asuksid koos minuga – kerguses ja igikestvas mõistmises.

Kas sa avaksid oma vaikusehuuled ja sosistaksid juhtmõtteid mu hingele?

Armastatud Issand, õpeta mind tundma, et Sina oled ainus käivitav vägi ja et Sinu kui Tegija äratundmises peitub kogu mu elukogemuse väärtus. Õpeta mind nägema Sind kui ainsat Sõpra, kes mind mu maiste sõprade kaudu aitab ja julgustab.

Taevane Isa, tänasest alates püüdlen ma Sinu tundmise poole – teen pingutuse Sinuga sõbrustamiseks. Täidan kõik oma kohustused mõttega, et ma teostan nende kaudu Sind ja saan olla niiviisi Sulle meele järgi.

Kogu elu on võitlus rõõmu pärast. Lase mul võita see lahing siin ja praegu.

Kui mu juurde tuleb hirm, vihkamine või mingit sorti kannatus, siis jälgin ma seda kui vaatleja. Ma

Metafüüsilised meditatsioonid

eraldan ennast oma kogemusest. Säilitan iga hinna eest rahu ja õnnetunde.

Armastatud Isa, ma mõistan, et ülistamine ei tee mind paremaks ega laitus halvemaks. Ma olen oma südametunnistuse ja Sinu ees see, kes ma olen. Ma reisin edasi, tehes kõigile head ja püüan olla alati Sinu meele järgi — seeläbi leian ma enda tõelise õnne.

VÕTA SEE PIMEDUS ÄRA

KOSMILINE EMA, võta ära see pimedus! Kui ma istun suletud silmadega, haaratuna enese loodud varjudest, laota oma intuitsiooni virmaliste sära üle minu.[1]

Jumalik Ema, tõmba kõrvale Oma kosmilise linateose sädelev eesriie ja näita mulle Oma eksikujutlust hajutavat halastuse nägu.

Oo, pimestav Valgus! Ärata mu süda, ärata mu hing, sütita mu pimedus, rebi katki vaikuse eesriie ja täida mu tempel Oma hiilgusega.

---

1 Otse ja spontaanselt hingest, mitte meelte või arutlemise eksliku vahendamise kaudu ammutatud teadmine.

Taevane Isa, hävita meis ajastutepikkune vale mõtlemine — et me oleme nõdrad inimolevused. Ilmuta End valgusena arutlemise taga — sügavas tarkuse lõõmas.

ÕPETA MIND END AUSTAVALT TEENIMA

ARMASTATUD ISA, ÕPETA mulle minu olemasolu müsteeriumi! Õpeta mind teenima Sind austavalt hinguseta ja surematuna. Põleta mu ignorantsus pühendumise tules. Tule Isa, tule — minu hingevaikuses! Võta mind endale ja tee nii, et tunneksin enese sees ja ümber Sinu surematut kohalolekut.

Oma mõistuse üksinduses janunen ma kuulda Sinu häält. Võta ära ikka veel minu mälus ringi hiilivad maiste helide unenäod. Ma tahan alati oma hinge vaikuses kuulda laulmas Sinu vaikset häält.

Mu Issand, nii kuis Sina oled kõikjalolev, just nõnda oled Sa minus siin ja praegu. Sul on kõikvõimsus ja kõigeteadmine. Need on ka minu hinge

Metafüüsilised meditatsioonid

tunnusteks. Olgu ma võimeline avama kasvõi osakestki Tollest, mis asub minu Ises.

MA JOON SU RÕÕMU

MA JOON elujõudu päikese kuldsest purskavast allikast, joon rahu kuupaistelise öö hõbesillerdavast lättest. Ma joon Sinu väge tuule võimsast karikast, joon kõigist oma mõtete väikestest tassidest Sinu kõigeteadmise rõõmu ja õndsust.

—✿—

Ma püsin alati ärkvel Sinu õnnistatud valguses ja vaatan läbi igaviku ajastute igavesti valvsate silmadega Sinu kaunist kõikjalolevat nägu.

Ma otsisin Jumala armastust surelike kiindumuste viljatus kuivuses. Peale ekslemist inimliku kaastunde kõrbes, leidsin lõpuks Jumaliku armastuse ammendamatu oaasi.

Isa, õpeta mind nõudma tagasi oma sünniõigust ja elama surematuna.

Oo, Jumalik Sõber! Kuigi minu ignorantsuse pimedus võib olla sama vana kui maailm, siis pane ikkagi mind mõistma, et Sinu valguse koidikul haihtub pimedus, justnagu poleks teda olnudki.

Mis on see elu, mis mu veenides tuksleb? Kas saab see olla veel midagi muud kui jumalik?

Taevane Isa, lasku mu sisse. Pane mind tundma, et Sa asud mu ajus, mu selgroos ja sügavamates mõtetes. Ma kummardan Su ees.

Isa, olen eksinud valeuskumuste tühermaal — ma ei leia oma kodu. Tõuse mu meeletaeva pimeduse ja ebakindla mõistuse kohale. Juhi mind Endasse, kus ongi mu Kodu.

Õpeta mulle, oo Kristus, kuidas vabastada mu materiaale müüdud mõistus, et võiksin oma palves ja ekstaasis, meditatsioonis ja uneluses anda selle Sulle.

NÄITA ENNAST

TULE SINA, oo Isa – näita Oma Kohalolu määratusuurt kuningriiki! Näita End! Õpeta mu südant palvetama, mu hinge tajuma, et kõik uksed avanevad ja Sa ilmutad End.

Oo, Kosmiline Valgus, ma näen iga päev, kuidas Sa värvid taevast erkude värvidega. Ma vaatan, kuidas Sa riietad palja mulla rohelise rohuga. Sa oled päikesepaiste soojus. Oo, oled nii lihtsalt igal pool! Ma kummardan Su ees.

Õpeta mind hoidma Su nägu oma seesmise vaikuse peeglis.

Jumalik Armastatu, pane mind nüüd ja alati teadma, et Sa oled olnud alati minu oma, alati minuga. Minu vigade-uned on minevik, maetud unustuse hauakambrisse. Ma olen ärkvel, peesitamas Sinus – elu päikesepaistes.

Jumala külluse ookean voolab läbi minu. Ma olen Tema laps. Ma olen kanal, mille kaudu voolab kogu jumalik loov vägi. Isa, õnnista mind, et otsiksin üle kõige ja esmalt Sind, nagu on kohane Su tõelisele lapsele.

Armastatud Jumal, luba mu pühendumise

lilledel mu südames Sinu tuleku koitu oodates õide puhkeda.

Armas Isa, ava kõik usu aknad, et võiksin Sind selles rahulossis näha. Paiska lahti kõik vaikuse uksed, et võiksin Su õndsuse templisse siseneda.

Armastatud Jumal, kaitse mu mõistuse taevast templit paheliste mõtete jonnakate sõdalaste eest.

Ma tean, et ma olen vastutav iseenda heaolu eest. Seetõttu heidan ma kõrvale kõik kasutud püüdlused ja jõudeaja mõtted – et leida igapäevaselt aega Jumala jaoks.

Mu Taevane Isa, Sina oled Armastus ja mina olen tehtud Sinu näo järgi. Ma olen kosmiline Armastuse sfäär, näen kõiki planeete, kõiki tähti, kõiki olevusi ja kogu loodut sädeleva valgusena. Ma olen kogu universumit valgustav Armastus.

Oo, Armastuse fontään! Pane mind tundma, et Su kõikjalolev armastus ujutab üle mu südame.

Ma tahan Sind, Oo Jumal, et võiksin Sind anda kõigile!

Metafüüsilised meditatsioonid

Südamete Isa, ärata minus igaveseks Oma armastava kohalolu teadvus.

Jumalik Isa, õpeta mind üha uuesti sukelduma sügavamale ja sügavamale meditatsiooni, kuni ma leian Sinu surematu tarkuse ja jumaliku rõõmu pärlid.

Vaiksete mõtete troonilt juhatab Rahujumal täna mu tegevusi. Oma rahu uksest uhun ma oma vennad Jumala templisse.

Olgu mu olemise laine suur või väike, ikka on mu taga sama Eluookean.

Ma mõtlen, kuni leian lõpliku vastuse. Muudan mõttejõu valgusvihuks, mille eredus näitab mulle Kõikjalolemise nägu.

Õpeta mind Sinust mõtlema, kuni Sa muutud mu ainsaks mõtteks.

Oo Isa, olgu mu proovilepanekud millised tahes, lase mul neid rõõmsalt taluda ja tunda oma südames alati Su kohalolekut. Nii näivad kõik elukomöödiad ja –tragöödiad ei midagi muud kui ekstaatilise lõbustamise näitemängud.

Isa, kanna mu teadvus üle piirangute, mille on loonud teised või mu enda nõrgad mõtted – mõistmiseni, et mina olen Sinu lapsena Sinu mõõtmatute valduste kuningriigi omanik.

Oo, Leegitsev Allikas, kinnistugu Sinu valgus minu sees, minu ümber, kõikjal.

Tõeline joogi tunneb oma südametukseid kõigis südameis, oma mõistust kõigis mõistustes, oma kohalolekut kogu liikumises. Ma saan tõeliseks joogiks.

Oo, Isa, näita mulle Sinuni viivat kiirteed. Täida mu süda tuliste püüdlustega. Õpeta mind kuulama pühendumise kajas Sinu häält.

Oma hinge vaikuses kummardan ma alandlikult Sinu kõikjalolemise ees, teades, et Sina juhid mind eneseteostuse teel alati edasi ja kõrgemale.

Oo, Issand, Sinu armastus, mis voolab läbi inimsüdamete, on mind peibutanud, leidmaks Sinus täiusliku armastuse allika.

Metafüüsilised meditatsioonid

Jumalik Vaim, ma otsin Sind, kuni ma Su leian. Leides Sinu, võtan ma aupaklikult vastu kõik kingid, mis Sa soovid. Kuid ma ei küsi tervest igavikust kingiks midagi muud kui vaid Sind.

Ma tulen Su juurde palves kätega, kummargil päi, süda täidetud austuse mürriga.

Sina oled mulle mu Vanemad, sest olen Sinu laps. Sina oled Meister ning ma kuuletun Sinu hääle vaikivale käsule.

TEADVUSE AVARDUMINE

HÄÄLESTU KOSMILISE HELI LAINELE

KUULAKE kosmilise Aum heli lugematute aatomite kihamist oma paremas peapooles. See on Jumala hääl. Tundke, kuidas see heli levib läbi kogu teie aju. Kuulake tema katkematut möirgamist.

Nüüd kuulake ja tundke seda sööstmas piki selgroogu, paiskamas valla südame uksi. Tundke seda kajamas vastu igast koest, igast tundest, igast närvikiust. Iga vererakk, iga mõte tantsib möirgava võnkumise merel.

Järgnege kosmilisele helile tema teekonnal. See tuiskab läbi keha ja mõistuse, läbi planeedi ja atmosfääri. Te liigute sealt õhuta eetrisse ja miljonitesse mateeria universumitesse.

Mediteerige sammhaaval kosmilise heli levikule. See läbib kõiki füüsilisi universumeid ning puudutab säravaid valguskiirtest veene, mis hoiavad kogu mateeriat ilmumises.

Kosmiline heli seguneb miljonite mitmevärviliste kiirtega. Heli siseneb kosmiliste kiirguste maailma. Kuulake, vaadake ja tundke kosmilise heli ja igavese valguse sülelemist. Nüüd tungib kosmiline heli läbi kosmilise energia südametuksete, et sulanduda siis kosmilise teadvuse ja rõõmu ookeani. Keha sulandub universumis, universum helitusse häälde. Heli sulab säravasse valgusse. Ja valgus siseneb mõõtmatu rõõmu rüppe.

KOSMILINE MERI

KUI TE LEIATE, et teie hing, teie süda, iga inspiratsioonivine, iga kübe määratust sinisest taevast ja tema säravatest täheõitest, mäed, maa, öösorrid ja sinised kellukad on kõik omavahel kokku seotud ühe ja sama rõõmu ja ühtsuse vaimunööriga, siis teate, et kõik on vaid lained Tema kosmilises meres.

MA LÄHEN ENDASSE

Olin vang, kelle kandamiks lihastega köidetud luude ja ihu raske koorem, kuid murdsin need ahelad lõdvestumise väega. Olen vaba. Nüüd püüan minna sissepoole.

Teadvuse avardumine

Veetlevad kirevkirjud kaunitarid, peatage see tants minu peas! Ärge röövige mu tähelepanu!

Nõiduslikud meloodiad, ärge hoidke mu mõistust maise muusikanaudingu kütkes!

Meeleliste elamuste tontlikud sireenid, ärge halvake oma ahvatlevate puudutustega mu püha intuitsiooni! Laske mu meditatsioonil kiikuda igavese jumaliku armastuse magusas tuules.

Sirelite, jasmiinide, rooside peibutav lõhn – ärge peatage mu mõistust koduteel!

Kiusatust kuulutavad meeltenõiad on kadunud. Ihu köidikud on katki rebitud. Meelte haare on lõdvenenud. Ma hingan välja ja peatan hingamise tormi – mõtete räbalad sulavad olematuks.

Ma istun oma tuksleva südame altaril ning jälgin südamest kehasse langeva elujõu kose möirgeid ja kisendamist. Ma pööran end selili. Südame tukslemine ja mürin on kadunud. Nagu püha salajane jõgi, voolab mu elujõud selgroo mäekurus. Sisenen oma vaimse silma uksest hämarasse koridori ja kiirustan edasi, kuni mu eluvool Eluookeani suubub ja end õndsuses kaotab.

Nägin vaikuse taevas Jumala määratut suurust. Maitsesin Tema rõõmu oma olemise purskavais allikais. Kuulsin oma ärkvel südametunnistuses Tema häält.

Võtan teadlikult vastu mind läbiva kõikjaloleva Isa valguse.

Oo, Isa, purusta mu elu väikene lainetus, et saaksin ühineda Sinu ääretu ookeaniga.

AVARDUMINE IGAVIKUS

IGAVIK HAIGUTAB mu all, üleval, vasakul, paremal, ees ja taga, sees ja väljas.

Avatud silmadega näen oma väikest keha. Suletud silmi tajun ma end kosmilise keskpunktina, mille ümber pöörleb igaviku sfäär, õndsuse sfäär, kõigeteadmise- ja elava ilmaruumi sfäär.

Ma vaatan Teda kui kiirgavat inspiratsioonipäikest, mis hoiab mu mõtete rütmilist tasakaalu.

Ma kuulen Tema katkematut häält salaja juhtimas ja õpetamas kõigi inimeste ja kogu loodu hingetemplites.

Ta on kõigis hingedes voolav tarkuse fontään ja kiirgav inspiratsioon. Ta on kõigi südamete aroomilampidest väljaimmitsev lõhn. Ta on taevaste õite ja mõtte-lillede aed. Ta on meie lembeunistusi inspireeriv armastus.

Ma tunnen Teda läbi oma südame imbumas nagu Ta läbib kõigi südameid – Maa poore, taevast, kõiki loodud asju. Ta on igavesti liikuv rõõm. Ta on vaikuse peegel, milles peegeldub kogu loodu.

Piiravate eksikujutluste hävinedes puhastuvad Minu maised kogemused. Jumalas teostuvad isegi kõige võimatumad unistused („Ma annan talle Koidutähe". – Ilmutusraamat, 2:28).

Ma olen uppunud Sinu igaveses valguses, see

Metafüüsilised meditatsioonid

tungib mu olemise igasse osakesse. Elan selles valguses. Jumalik Vaim – ma näen vaid Sind nii sees kui väljas.

Ma sulen oma füüsilised silmad ja lasen mateeria kiusatustel minna. Ma piilun läbi vaikuse pimeduse, kuni mu maised silmad avanevad seesmise valguse silmale. Kui mu nii head kui halba nägevad silmad saavad üheks ja näevad kõiges vaid Jumala jumalikku headust, siis näen, et mu keha, mõistus ja hing on täidetud Sinu kõikjaloleva valgusega.

Mu elu selles sõltuvas ilmas ei saa surra, sest ma olen hävimatu teadvus.

Kõik mu ignorantse elu eesriided põlevad tuhaks mu ärkamisel Kristuses ja ma näen Jeesus-lapsukese arukust roosiõielehtedes, valguseväreluses ja kõigi tõeliste südamete armastusemõtetes.

Ma olen Mõõtmatu, ruumitu, väsimatu. Ma olen väljaspool keha, mõtteid, lausumist, väljaspool kogu mateeriat ja mõistust. Ma olen lõputu õndsus.

Vaimu Ookean on muutunud mu hinge mulliks. Hõljudes sünnis või kadudes surmas – mu teadvus ei saa surra kosmilise teadlikkuse ookeanis. Ma olen hävimatu teadvus ning Vaimu surematuse rüpes kaitstud.

Ma ei ole enam teadvuse laine, kes end kosmilise teadvuse merest eraldiolevaks peab. Olen inimelu laineks saanud Vaimuookean.

Nii nagu kõrbe all voolav vaikne maa-alune jõgi, kulgeb ka mõõtmatu Vaimujõgi – läbi aja-, kogemuste- ning hingedeliiva, läbi kõigi elavate aatomite liiva ja kogu ilmaruumi liiva.

Oo, Isa, Sina oled igavene püha rõõm, oled rõõm, mida ma otsin, oled hingerõõm. Õpeta mind, et võiksin meditatsioonis sündinud rõõmus Sind austuses kummardada.

PÜHA HELI AUM

ÕPETA MIND KUULAMA ENDA HÄÄLT, oo Isa, seda kosmilist häält, mille käsul vallandub kogu võnkumine. Ilmuta end mulle AUMina – kõigi helide kosmilise lauluna.

Metafüüsilised meditatsioonid

Oo, Püha Vaim, pühitsetud AUM, avarda mu teadvust, kui ma kuulan Sinu kõikjalolevat heli. Pane mind tundma, et ma olen nii kosmiline ookean kui ka selle pinnal virvendav väike laine.

Oo, kõikjalolev heli AUM, kaja läbi minu, avarda mu teadvus universumini ja õpeta mind tundma Oma kõikeläbivat igikestvat õndsust.

Oo, mõõtmatu Energia, mõõtmatu Tarkus, lae mind uuesti Oma vaimse võnkumisega.

Oo, kosmiline heli AUM, juhi mind, ole minuga, juhata mind pimedusest valgusse.

MA LENDAN KOJU

HEAD AEGA, sinine taevakodu. Hüvasti, tähed, taevased kuulsused ja teie draamad ilmaruumi ekraanil. Head aega, lilled ning teie ilu ja lõhna lõksud. Te ei saa mind enam kinni hoida. Ma lendan Koju.

Adjöö päikesepaiste soojale embusele. Hüvasti, jahe, jahutav, lohutav tuulehoog. Head aega, inimlik lõbustav muusika.

Teadvuse avardumine

Ma olin kaua teie hulgas, lõbutsesin koos teiega, tantsitasin oma erinevalt rüütatud mõtteid ning jõin oma tunnete ja ilmaliku tahte veini. Olen nüüd hüljanud eksikujutluse joovastuse.

Head aega, lihased, luud ja kehalised liigutused. Hüvasti, hingus. Ma heidan su oma rinnast välja. Adjöö, südametuksed, emotsioonid, mõtted ja meenutused. Ma lendan Koju vaikuse lennukiga. Ma lähen, et tunda oma südametukseid Temas.

Ma ärkan teadvuse tasandil üleval, all, vasakul, paremal, sees ja väljas, kõikjal ning leian, et igas minu ilmaruumi nurgas olen ma alati olnud oma Isa pühas kohalolus.

MA OLEN IGAL POOL

MA VAATAN LÄBI kõigi silmade. Ma töötan kõikide käte abil, ma astun kõigi jalgade toel. Pruunid, valged, oliivikarva, kollased, punased ja mustad kehad – kõik on minu.

Metafüüsilised meditatsioonid

Ma mõtlen kõigi mõistuste abil, unistan kõigi unistustes ja tunnen kõigi tundeid. Kõigis südametes õitsevad rõõmulilled on minu.

Ma olen igavene naer. Mu naeratus tantsib üle kõikide nägude. Olen entusiasmilaine kõigis Jumalale häälestunud südameis.

Ma olen tarkusetuul, mis kuivatab kogu inimkonna ohked ja kurbuse. Olen kõigi olevuste elurõõm.

Taevane Isa, õpeta mind leidma Sinus vabadust, et võiksin teada — Maa peal ei kuulu midagi mulle, kõik kuulub vaid Sulle. Õpeta mind teadma, et mu koduks on Sinu kõikjalolemine.

Oo, Kosmiline Vaikus, kuulen Su häält ojakeste vulinas, ööbikulaulus, merekarbi helinas ja ookeanilainete kohisevas üminas.

Armastatud Jumal, teenin ja kummardan Sind mitte enam sõnade, vaid oma südame armastuse põleva leegiga.

Õpeta mind nägema Sinu ääretut suurust ning

Teadvuse avardumine

kõigis asjades peituvat jäävust, et võiksin end tajuda Sinu muutumatu Olemuse osana.

Oo, võimas Ookean, ma palvetan, et mu soovide jõed, mis looklevad läbi paljudest raskuste kõrbedest, võiksid viimaks suubuda Sinusse.

Ma möllan tulena läbi kogu ilmaruumi ning veeren üle tema põlematu ja surematu rüpe. Ma sukeldun mõõtmatusse, jõudmata iialgi lõppu. Ma jooksen ja rändan ning jagan oma naeru kõigega, mis on liikumises või liikumatus tühjuses.

Ärata mind, oo, Taevane Isa, et ma võiksin tõusta ihu vangistavast hauakambrist oma kosmilise teadvuse kehasse.

Oo, surematu Armastus, ühenda minu armastus Oma armastusega, ühenda minu elu Oma rõõmuga ja ühenda minu mõistus Oma kosmilise teadvusega.

Ära lase mul näha miskit peale ilu, miskit peale hea, miskit peale tõe, peale Sinu õndsuse surematu purskava allika.

Oo, mu Jumalik Ema, kuulen kõikjal loomise

saalis Sinu sammude rütmi metsikut kõuekõminat,
kuulen Sind tantsimas kesk aatomite laulu.

SÕNADE „AUM" JA „KRISTUSE TEADVUS" TÄHENDUS

„*Joogi autobiograafias*" ütleb ParamahansaYogananda:„
„*Aga Lohutaja, Püha Vaim, kelle Isa saadab minu nimel, tema õpetab teile kõik ja tuletab teile meelde kõik, mida mina teile olen öelnud*" (Johannese 14:26)."

Need piiblisõnad viitavad Jumala kui Isa, Poja ja Püha Vaimu kolmikolemusele (*vastavad hindu pühakirjades toodud mõistetele Sat, Tat ja Aum*).

„Jumal Isa on Absoluut, Ilmutamata, eksisteerides *väljaspool* võnkuvat loomist. Jumal Poeg on võnkuvas loodus peituv Kristuse Teadvus – see Kristuse Teadvus on Loomata Mõõtmatu „ainsana sündinud" ehk ainus peegeldus.

Kõikjaloleva Kristuse Teadvuse väline ilmutus, tema tunnistaja (Ilmutusraamat 3:14) on Aum (OM), see on Sõna ehk PühaVaim: nähtamatu jumalik vägi, ainus tegija, ainus võnkumise kaudu kogu

Teadvuse avardumine

loodut ülal hoidev põhjuslik ja aktiveeriv vägi. Aum, kui kosmiline õndsusrikas lohutaja on kuuldav meditatsioonis ja ta avab pühendunule lõpliku Tõe, „tuues teile meelde kõik asjad".

JUMALA LEIDMISEST

RAHULAINETE LEVITAMINE

HOIDKE OMA MÕISTUS kulmude vahel oleval seesmisel rahujärvel. Vaadake enda ümber virvendava rahu igavest ringi. Mida tähelepanelikumalt te vaatate, seda enam tunnete te kulmudest laubale ja sealt südamesse ja veelkord igasse keharakku levivaid rahu lainekesi. Nüüd ujutavad rahu veed üle keha kaldad, uputades mõistuse määratusuure ala. Rahu suurvesi voolab üle teie mõistuse äärealade ja liigub edasi mõõtmatutes suundades.

Oo, Issand, lase mul võidelda end läbi katsumuste kähmluse.

Olen rahuriigi prints, kes mängib kogemuste laval kurbade ja õnnelike unistuste draamades.

RAHU

Rahu voolab läbi mu südame ja puhub läbi
    minu, kui õrn läänetuul
Rahu täidab mind lõhnana,

Metafüüsilised meditatsioonid

rahu voolab mu sees kiirtejoana,
rahu torkab müra ja murede südant,
rahu põletab läbi mu ärevuse.
Tulepalli sarnane rahu avardub ja täidab mind
   kõiketeadmisega.
Ookeanisarnane rahu veereb aina edasi üle
   kogu ilmaruumi.
Punase vere sarnane rahu elustab mu mõtete
   veene -
piiritu rahu kroonib mu mõõtmatuse keha.
Rahulained sööstavad läbi mu ihu ja läbi kogu
   ilmaruumi,
rahuparfüüm voolab üle õisi täis aedade,
rahuvein voolab igikestvalt läbi kõigi südamete
   veinipressi.
Rahu on kivide, tähtede ja pühakute hinguseks,
rahu on vaikuse vaadist voolav Vaimu ambroo-
   siavein, mida ma ahmin juua oma lugema-
   tute aatomite suudega.

MEDITATSIOON VAIKUSELE

MINU VAIKUS avardub sfääriliselt kõikjale.

Jumala leidmisest

Mu vaikus levib raadiost kostuva lauluna — see kõlab üleval, all, vasakul ja paremal, sees- ja väljaspool.

Mu vaikus levib kui õndsuse kulutuli, mis põletab kõik tumedad kurbuse tihnikud ja kõrged kõrkuse tammed.

Mu vaikus läbib eetri, viies Tema mõõtmatu asupaiga saalidesse Maa, aatomite ja tähtede laulu.

———

Rahutuse oopium on nagu mürk. Lase mul tunda oma südametuksetes Jumala rahu kohalolu.

Ma täidan oma südame meditatsioonirahuga ning valan rahujanus hingedesse südametäite kaupa rõõmu.

Vaimselt edukad isikud Jeesus, Babadži, Lahiri Mahasaya, Sri Yukteswar, Šankara ja teised meistrid on Jumala, ühe Isa, ilmutused. Ma olen õnnelik, et kõik suured meistrid on saavutanud ühtsuse Jumalaga, mis on minugi vaimne ambitsioon.

Mediteerin iga päev üha jõudsamalt. Homme

Metafüüsilised meditatsioonid

mediteerin ma sügavamalt kui täna. Ma mediteerin suurema osa oma vabast ajast.

Oo, Issand, ma vabastan oma mõistuse staatilisest rahutusest ning häälestan oma hingeraadio pehme intuitsiooni-puudutusega, et võiksin kuulda Sinu kosmilise võnkumise häält, aatomite muusikat ja oma üliteadvuses võnkuvat armastuse meloodiat.

Oo, Isa, täna ma otsin Sind suurenevas meditatsiooniõndsuses. Ma tunnen Sind minu südames tuksleva piirideta rõõmuna. Leides Sinu, leian ma kõik asjad, mille järgi ma igatsen.

Õpeta mind tajuma Sinu kohalolekut sel pideva rahu altaril ja rõõmus, mis kerkib esile sügavast meditatsioonis.

Õnnista mind, et ma leiaksin Su igas mõtte ja tegevuse templis. Leides Sind seespoolt, leian Sind ka väljast, igas inimeses ja kõigis tingimustes.

Õpeta mind tundma, et Sinu naeratus ilmutab end koidus, roosiõites ja õilsate meeste ja naiste nägudel.

JUMALA LEEGITSEV KOHALOLU

MA lõpetan irvitamise papagoi moodi palvetamise üle. Ma palvetan sügavalt, kuni Sinu leegitsev kohalolu põletab ära pimeduse.

Taevane Isa, ma ei saa Sinu laulu homseni oodata. Läkitan oma sõnumi täna eetrisse sellise keskendumisega, et Sa lihtsalt pead mu vaikuse vastuvõtja kaudu vastama.

Oo, Vaim – alati olev, alati teadlik, alati uus Õndsus! Eemalda mu mõistusest ükskõiksuse ja unustamise raskus. Lase mul juua Sinu õnnistatud kohalolu nektarit.

Su rahu tuleb mu juurde seesmise ja välise vaikuse süvenedes. Püüan alati kuulata Su sammude kaja.

Kogedes Sind rõõmuna, mis kerkib sügavast meditatsioonist, tean, et mulle antakse kõik asjad – õitseng, tervis ja tarkus.

Metafüüsilised meditatsioonid

Õpeta mind, kuidas õngitseda Sind minu hinge sügavaimatest vetest.

LEIDES RÕÕMUS JUMALA

POLE TÄHTIS, MIS seda põhjustab – kus iganes sinu nähtamatus teadvusemeres ilmub välja väike rõõmumullike, hoia sellest kinni ja avarda seda. Mediteeri sellele ja ta kasvab suuremaks. Ära hoia oma tähelepanu mulli väiksusel, vaid avarda seda mõttes, kuni rõõm kasvab üha suuremaks ja suuremaks. Puhu mulli seesmise keskendumise hingusega, kuni see laiub üle terve sinu teadvuse mõõtmatuse ookeani. Puhu rõõmumullile seni, kuni see purustab oma vangistavad seinad ja muutub rõõmumereks.

Viiulis, flöödis ja sügavahäälses orelis kuulen ma Jumala häält. Hinges asub rõõm, mida mu ego otsib. Ma saan äkitselt teadlikuks vaikuse meekärge talletatud Jumala teadvusest. Ma murran tüki sellest vaikuse meekärjest ja joon raugematu õnnistuse mett.

Jumala leidmisest

MU ARMASTATU KUTSUB MIND

LILLEDE, EREDA taeva, õnnelikes mõistustes asuva jumaliku rõõmumanna, tarkust täis hingede, linnulaulu ja inimeste südameis heliseva jumaliku meloodiaga kutsub mu Armastatu mind seadma oma sammud uuesti Tema seesmise rahu teele.

Ma otsin Jumala kuningriiki pika, sügava ja katkematu meditatsiooni põhjast tõusvas rõõmus. Ma otsin seesolevat Issandat kohusetundlikult ja ei rahuldu pisikeste kujuteldavate inspiratsioonilainete ning lühikeste rahutute vaikusehetkedega. Ma mediteerin veelgi sügavamalt, kuni tunnen Tema kohalolekut.

Jumala teostamise kaudu saan ma kinnituse, et olen Tema laps. Ilma küsimata-kerjamata saan ma endale kogu heaolu, tervise ja tarkuse.

Oo, Sina, kõigi südamete ja rooside lõhn, ma ei pea seda millekski, kui põletava kurbuse päevad üle mu elu lävepaku astuvad ja mind proovile panevad. Tuletagu nad läbi Sinu õnnistuste mulle meelde mu vigu, mis on hoidnud mind Sinust eemal.

Metafüüsilised meditatsioonid

Kõigi Kaitsja, ma ei hooli sellest, kui saatus kõik selle, mis ma olen loonud, minult võtab. Kuid ma nõuan Sinult, kes Sa oled minu, et Sa valvaksid seda värelevat küünlaleeki – minu armastust Sinu vastu.

Oo, kuulsusrikas Kõikjalolemine, ära lase minu maisuse tuulepöörisest kerkival unustusepuhangul kustutada mälestust Sinust.

Meditatsioonis peatan ma hingamise tormi, mentaalse rahutuse ning mõistuse järve kohal möllavad meelelised mürglid. Palve ja meditatsiooni kaudu rakendan ma oma tahte ja tegevused õige eesmärgi hüvanguks.

MINU KÕIKSUSE TROON

TULIN ALLA oma armastuse troonilt ilmaruumi süles kesk vilkuvaid tähti, et leida õdusat kohta inimeste südameis. Jäin sinna kauaks, olles luku taha pandud ja eemal oma suurest kodust.

Ma olin kõikjal, ent siis peitsin end ära. Nüüd ma tulen oma peidupaikadest taas välja. Ma avan perekonna, seisuse, nahavärvi ja usutunnistuse inimpiirangute väravad. Ma ratsutan kõikjal, tundmaks uuesti oma kõikjalolemist.

Sügavaimas meditatsioonis avaneb uks ja mind läbistab kõikjaloleva Isa valgus.

Rahutuse ja häirituse hetkel taandun ma vaikusse ja meditatsiooni, kuni rahulikkus on taastatud. Alustan igat päeva keskendumisega ning mediteerin Ülimale Olevusele.

MEDITATSIOONID KRISTUSELE

MA JÄRGNEN usu-, pühendumise- ja meditatsioonihoidjatele. Juhituna hingetarkuse tähest, juhivad karjused mind Kristuseni.

Ma vaatan Jumal-Isa ainsat peegeldust, Kristuse Arukust, seda materia üsas sündinud „ainusündinut", kes valvab karjasena kogu loomingu liikumist aruka jumaliku lõppsihi poole.

Ma purustan rahutuse ahelad ja avardan oma

meditatsiooni piiramatult, kuni kõikehõlmav Kristuse Teadvus saab end minu kaudu ilmutada.

Isa, õnnista mind, et mu ainumas teostumise silm juhiks mind läbi kõigi mateeria kihtide, kuni näen Kristuse kohalolu.

MA MEDITEERIN

ARMASTATUD JUMAL, kuna ükski maine ettevõtmine pole võimalik ilma Sinult saadud võimeteta, ütlen ma lahti kõigest, mis segab vahele mu kokkuleppele mediteerida Sinule iga päev.

Täna ma mediteerin, ükskõik kui väsinud ma mõtlen end olevat. Ma ei lase mediteerimise ajal end mürast segada, ei ohverda end mürale. Ma viin oma teadvuse üle seesmisse maailma.

Mediteerimise värava kaudu sisenen ma Jumala igikestva rahu templisse. Seal kummardan ma Teda austavalt igavesti uue rahulolu altaril. Läidan õnnelikkuse tule, et valgustada Tema templit minu sees.

Jumala leidmisest

Ma mediteerin regulaarselt, et usu valgus võiks uhtuda mind Taevase Isa surematuse kuningriiki.

Jumalik Ema, ma tõmban eest taevaselt sinise eesriide, rebin eemale ilmaruumi katte, sulatan ära mõtete maagilise vaiba ning lülitan välja elu liikuvate piltide meelelahutuse – et võiksin Sind vaadata.

Ma tean, et Jumalat võib teostada meditatsioonis või intuitiivselt tajudes, aga mitte rahutu mõistuse kaudu.

Avan oma silmad meditatsiooni rõõmule, siis näen kogu pimeduse haihtumist.

Ma suplen meditatsiooni kaitsevallide taha peidetud Jumala armastuse pühitsetud tiigis.

Ma muudan oma sisemaailma meditatsiooni abil täiuslikuks, et see peaks vastu kõik vaenulikud välismõjutused.

Ma alustan igat päeva meditatsiooniga Ülimale Olendile.

Metafüüsilised meditatsioonid

Vaikuse templis avastan ma Sinu rahualtari. Rahualtarilt leian ma Sinu igavesti uue rõõmu.

Oo, Jumal, lase mul kuulda meditatsiooni koopas Sinu häält. Ma leian seespool igikestva taevase õnne. Siis valitseb mu südames rahu – vaatamata sellele, kas olen keset vaikust või tegevusi.

Iga taevatäht, iga puhas mõte, iga hea tegu on aken, mille kaudu Sind näha.

Valage oma teadvus piiritu keskendumise ja pühendumisega vaimse silma kaudu Mõõtmatusse. Vabastage oma hing keha vangistusest määratusse Vaimu ookeani.

MATERIAALSETEST MUREDEST

ÄRGE KUNAGI KAOTAGE LOOTUST

KUI TE OLETE loobunud lootusest olla kunagi veel õnnelik, tõstke oma tuju. Ärge kunagi kaotage lootust. Igavesti rõõmurikka Vaimu peegeldusena on teie hing teie põhiolemus ja õnn.

Kui te hoiate oma keskendumise silmad suletuna, ei saagi te näha teie enda põues säravat õnnepäikest. Pole tähtis, kui tugevasti te sulgete oma tähelepanu silmad, kindel on, et õnnekiired püüavad alati tungida läbi teie mõistuse suletud uste. Avage rahulikkuse aknad ja te leiate iseendas ereda rõõmupäikese pimestava valgusjoa.

Teie hinge rõõmurikkaid kiiri saab tajuda, kui pöörate oma tähelepanu sissepoole. Neid tajumisi kingitakse vaid siis, kui treenite oma mõistust nautima teie sees peituva nähtamatu ja haaramatu kuningriigi kaunist maastikku. Ärge otsige õnne vaid kaunites rõivastes, puhastes majades, maitsvates õhtusöökides, pehmetes patjades ja luksusesemetes. Need vangistavad teie õnne välise ja väljapoole suunatuse trellidega. Pigem liuelge oma kujutluste lennukil üle piiritu mõtteimpeeriumi. Nähke seal katkematute, ülevate, teiste ja iseenda parendamise vaimsete püüdluste mäeahelikke.

Metafüüsilised meditatsioonid

Liuelge üle ääretute kaastunde orgude. Lennake üle entusiasmi geisrite, üle teie hingerahu hallidelt kaljurüngastelt alla paiskuva katkematu tarkuse Niagara. Sööstke üle Tema kõikjalolemise intuitiivse taju lõputute jõgede.

Tema õndsuse palees jooge Tema sosistava tarkuse purskkaevust ja kustutage oma soovide janu. Sööge Temaga igaviku banketisaalis jumaliku armastuse puuvilju. Kui te olete valmistanud ette oma mõistuse sisemise rõõmu leidmiseks, leiate selle varem või hiljem. Otsige seda nüüd ja iga päev püsivalt ning järjest sügavama seesmise meditatsiooni kaudu. Tehke tõeline pingutus minna sissepoole ja te leiate sealt oma kauaigatsetud õnne.

NAERATUSE VALGUS

(Mediteerimiseks, toetumiseks, igapäevaseks viljelemiseks)

MA SÜÜTAN LEEGI NAERATUSE TULETIKUST. Mu sünguse hämar eesriie kaob. Naeratus valgustab ajastute kestel hinge kogunenud pimedust. Kui leian iseenda, siis ratsutan läbi kõigi südamete, käes oma enda hingerõõmu tõrvik. Kõige esmalt on naerukil mu süda, seejärel silmad ja siis nägu. Iga kehaosa särab naeratuse valguses.

Ma jooksen keset raskemeelsete südamete tihnikut ja süütan kõigi kurbusest suure lõkke. Ma olen vastupandamatu naeratuse tuli. Ma jahutan end Jumala-rõõmu tuulepuhangus ja valgustan teed läbi kõigi mõistuste pimeduse. Mu naeratuses on Tema naer ja kes iganes mind kohtab, hõiskab jumalikus rõõmus. Ma kannan kõigi südamete jaoks lõhnavaid naeratuse tõrvikuid.

Ma panen nutjad naeratama, naeratades ka siis, kui on raske.

Kõigi südamete heas tujus kostab Su õndsuse kaja. Kõigi tõeliste südamete sõpruses leian ma Sinu sõpruse. Mind rõõmustab mu vendade heaolu samamoodi kui mu enda heaolu. Aidates olla teistel targad, suurendan ma iseenda tarkust. Kõigi õnnes leian ma enda õnne.

Miski ei nürista mu naeratust. Sünge surm,

haigus või nurjumine ei saa mind heidutada. Õnnetus ei saa mind puudutada, sest mu hinges on alistamatu, muutumatu ja alati uus Jumala-õndsus.

Oo, jumalik vaikne Naer, valitse alati mu palgejooni ning naerata läbi mu hinge.

Ma püüan olla rõõmumiljardär, leides oma rikkuse Sinu valdustes, alati uue õndsuse müntides. Samas loon ma niiviisi enese vaimset ja materiaalset heaolu.

JUMALIKU RÕÕMU LEVITAMINE

ALUSTADES IGAT PÄEVA varajasel koidikul, kiirgan ma rõõmu kõigile, keda kohtan. Olen mentaalne päikesepaiste kõigi jaoks, kes mu teele satuvad. Põletan rõõmutute süles naeratuseküünlaid. Pimedus põgeneb minu rõõmsa tuju valguse ees.

Las armastus levitab oma naeru kõigis südametes, kõigis inimrassides. Las mu armastus puhkab lillede, loomade ja tähetolmu kübekeste südameis.

Ma püüan olla õnnelik igas olukorras. Ma

valmistan ette oma mõistuse olemaks õnnelik iseenda sees ja kohe praegu – seal, kus ma täna asun.

Las mu hing naeratab mu südame kaudu ja las mu süda naeratab mu silmade kaudu, et võiksin Sinu ohtraid naeratusi puistata kurbadesse südametesse.

Ma näen alati oma elus Jumala täiuslikku, tervet, täiuslikult tarka ja õnnist nägu.

JUMALA TERVENDAV VALGUS

TÄIUSLIK VALGUS asub kõigis mu kehaosades. Kus iganes see tervendav valgus end ilmutab, valitseb täiuslikkus. Ma tunnen end hästi, sest minus on täiuslikkus.

Sinu tervendav valgus on säranud minus ja mu ümber, kuid ma hoidsin oma sisemise taju silmad suletuna ja ei näinud Su muutvat valgust.

Ma pööran oma usupilgu läbi vaimse silma akna ja ristin oma keha Kristuse Teadvuse tervendavas valguses.

Metafüüsilised meditatsioonid

Taevane Isa, õpeta mind nägema Sind nii viletsuses kui heaolus, nii haiguses kui tervises, nii ignorantsuses kui tarkuses. Õpeta mind avama oma uskmatuse suletud silmi ja nägema Sinu hetkeliselt tervendavat valgust.

TERVISEKS JA ELUJÕUKS

TÄNA OTSIN MA JUMALA elujõudu päikeses, kümblen tema valguses ning võtan Jumala eluandvaid ja haiguseid hävitavaid ultravioletseid kiire-kimpe kingitusena.

Taevane Isa, mu keharakud on tehtud valgusest, mu ihurakud on tehtud Sinust. Need on Vaim, sest Sina oled Vaim, need on surematud, sest Sina oled Elu.

Sinu täiusliku tervise valgus imbub igasse minu kehalise haiguse pimedasse pelgupaika. Igast keharakust särab vastu Sinu tervendav valgus. Nad on üleni terved, kuna neis asub Sinu täiuslikkus.

Ma tunnen ära, et mu haigus on tervise seadustest üleastumise tagajärg. Ma heastan pahed õige söömise, harjutuste ja õige mõtlemise abil.

Isasse uskudes näen, kuidas haiguse varjud pühitakse minema nüüd ja igavesti. Ma mõistan nüüd, et Tema valgus on alati olemas. Enda loodud pimedus haarab minust vaid siis, kui sulen tahtlikult oma tarkusesilmad.

Isa, aita mind, et võiksin kujundada õige toitumise harjumusi loomulikult, spontaanselt ja kergesti. Ärgu ma kunagi langegu ahnuse ohvriks, põhjustades endale kannatusi.

Taevane Isa, lae mu keha Enda elujõuga, lae mu mõistus Enda vaimse väega, lae mu hing Enda rõõmu ja surematusega.

Taevane Isa, täida mu veenid Oma nähtamatute kiirtega, mis muudavad mu tugevaks ja väsimatuks.

Mu silmade taga on Kõikenägev silm. Silmad on tugevad, sest Sina näed läbi nende.

MA EI OLE KEHA

ARMASTATUD JUMAL, ma tean, et ma ei ole keha, veri või energia, mõtted ega mõistus, ego ega astraalne mina. Ma olen surematu hing, mis neid

Metafüüsilised meditatsioonid

kõiki valgustab ja püsib jäävana vaatamata nende muutumisele.

Minu keha ja mõistuse Igavene Noorus, asu minus igavesti, igavesti, igavesti.

Aina enam ja enam sõltun ma kosmilise teadvuse sisemise allika mõõtmatust varasalvest kulgevast energiast ja aina vähem välisest kehalisest energiast.

Oo, Isa, Sinu piiramatu ja kõiketervendav vägi on minus. Ilmuta oma valgust minu ignorantsuse pimeduse kaudu.

Oo, Vaim, õpeta mind Sinu kosmilist energiat endasse laadides oma keha tervendama ning ravima mõistust keskendumise ja naeratuse abil.

MÕTETE EDASTAMINE

KINNISTAGE OMA RAHUTUTE SILMADE VAADE kulmude vahelisel punktil. Sukelduge pühasse meditatsioonitähte.[1]

---

1 "Sügavas meditatsioonis muutub lauba keskel nähtavaks ainus ehk vaimne silm (erinevates pühakirjades viidatud kolmas silm, ida-täht jms). Sellest punktist suunatud tahe on mõtte *edastamise* aparaadiks. Inimese tunne või emotsio-

Materiaalsetest muredest

Jätkake armastuse-mõtete edastamist selle maailma armsatele ja neile, kes on lahkunud valgusest rüüs enne teid.

Mõistuste ja hingede vahel ei ole mingit kaugust, kuigi nende füüsilised liikumisvahendid võivad olla üksteisest kaugel.

Mõtetes on meile armsad meile alati lähedal.

Jätkake edastamist: „Ma olen õnnelik nii maisuses kui teispoolsuses olevate armsate õnnes."

Ma otsin esmalt Jumala kuningriiki ja olen veendunud oma ühtsuses Temaga. Siis, kui see on Tema tahe ja kuna mind tehti Tema näo järgi, antakse mulle mu sünniõigusena tarkus, küllus ja tervis.

Isa, ma olen olnud kui kadunud poeg. Ma olen ekselnud eemale Su väe kodust, kuid olen nüüd tagasi ja teostan end Sinus. Ma tahan kõiki häid asju,

naalne vägi võimaldab rahulikult südamele keskendudes sel toimida mentaalse raadiona, mis võtab vastu teise – kaugel või lähedal asuva isiku sõnumeid."
– *„Joogi autobiograafia"*.

Metafüüsilised meditatsioonid

mis kuuluvad Sulle, sest need kuuluvad mullegi. Olen Sinu laps.

Ma olen ülima Vaimu kujutis. Mu Isale kuulub kõik. Mina ja mu Isa oleme üks. Kui mul on Isa, on mul kõik. Mulle kuulub kõik, mis on Temalgi.

Taevane Isa, nüüd saan ma aru, et kõik materiaalse elu püüdlused, isegi kui neid kroonib teostumine, pakuvad vaid ajutist rõõmu. Ühtsuses Sinuga leian ma alalise õndsuse allika.

SÕPRUS JA TEENIMINE

ASUN vastuvõtlikes südameis – tundmatu sõbrana, kes äratab pühad tunded, innustades inimesi vaikselt nende endi õilsate mõtete abil hülgama oma maisuse und. Tantsin koos nende rõõmuga nähtamatus vaikuse lehtlas tarkuse valguses.

Näen temas, kes peab end praegu minu vaenlaseks, arusaamatuse eesriide taha peituvat jumalikku venda. Oma armastuse pistodaga rebin ma eest selle katte ning nähes mu alandlikku ja andestavat mõistmist, ei põlga ta enam ära mu hea tahte pakkumist.

Minu sõbralikkuse uks on võrdselt alati avatud nii vendadele, kes mind vihkavad kui neile, kes mind armastavad.

Tahan teistele sedasama, mida endalegi. Töötan oma pääsemise eest, teenides oma kaasinimesi.

Ma tean, et kui ma pakun oma sõprust kõigile nii nagu Kristus, hakkan ma tundma Jumala kosmilist armastust. Inimese sõprus on Jumala sõpruse kaja. Suurim asi, mida Jeesus tegi, oli see, kui ta vastas vihkamisele armastusega. Kerge on vastata vihkamisele vihkamisega, kuid vastata vihkamisele armastusega on palju raskem ja suurem. Seepärast põletan ma vihkamise oma leviva armastuse möirgavas tulemöllus.

Ma võtan igalt inimeselt parima, märkan kõigist rahvustest inimeste häid omadusi ja ei pane tähele nende vigu.

Sel päeval purustan ma enese- ja perekonna armastuse piirid ja muudan oma südame piisavalt suureks kõigi Jumala-laste jaoks. Süütan kõikehõlmava armastuse tule ja näen oma Taevast Isa kõigis inimtemplites. Puhastan ja rahuldan kõigi soovid saavutada Jumala püha armastus.

MA TEENIN KÕIKI

OO, KATKEMATU ÕNDSUSE ANDJA! Püüan teha teisi tõeliselt õnnelikuks, sest olen tänulik jumaliku rõõmu eest, mille oled mulle andnud. Teenin kõiki oma vaimse õnne kaudu.

Täna andestan kõigile neile, kes on mind iial rünnanud. Annan armastust kõigile janustele südametele, nii neile, kes mind armastavad, kui ka neile, kes mind ei armasta.

Olen kalamees. Püüan oma tarkuse võrkudesse teiste ignorantsuse ja ohverdan selle ümberkujundamiseks kõigi jumalate Jumalale.

Kiirgan kõigile armastust ja head tahet, et võiksin Jumala armastuse kanali juhtida igaüheni.

Ma tean, et olen üks Sinu headuse valgusega. Olgu ma majakaks neile, kes on laiali pillutud kurbuse merel.

Olen teener, kes oma lihtsate nõuannetega on valmis teenima kõiki abivajajaid. Kuulugu neile tervendava tõe kingid ja minu alandlik tarkus, mis kogutud vaikuse pühamus. Mu kõrgeimaks ambitsiooniks on püstitada hingevaikuse tempel igas isikus, keda kohtan.

JUMALIK ÕITSENG

UNIVERSUMI KUNINGAS on mu Isa. Olen kogu Tema väe, rikkuste ja tarkuse kuningriigi trooniпärija.

Langedes sureliku kerjuse seisundisse, nurjus mu jumaliku sünniõiguse nõudmine.

Oo Isa, ma tahan mõõtmatut õitsengut, tervist ja tarkust mitte maistest allikatest, vaid Sinu kõike -omavatest, kõikvõimsatest ja külluslikest kätest.

Ma ei ole kerjus, kes küsib piiratud maist õitsengut, tervist ja teadmisi. Ma olen Sinu laps ja ma nõuan Sinu mõõtmatutest ressurssidest Jumala lapse osa!

Metafüüsilised meditatsioonid

Isa, lase mul tunda, et olen Sinu laps. Päästa mind ära kerjamisest! Lase kõigil headel asjadel, nende seas tervis, heaolu ja tarkus, otsida mind, selle asemel, et mina neid püüdleksin.

Issand, lase mul meeles pidada ja tänulik olla kõigi nende tervisega täidetud aastate eest, mida ma nautinud olen.

Ma kulutan aina vähem, mitte nagu ihnuskoi, vaid kui enesekontrolli omav inimene. Ma kulutan vähem, et ma võiksin rohkem säästa ja nende säästudega tuua materiaalset turvalisust endale ja oma perele. Ma aitan vabatahtlikult kaasinimesi, kui nad abi vajavad.

Planeetide kuningriik ja kõik Maa rikkused kuuluvad Sulle, mu Jumalik Isa. Ma olen Sinu laps – seega olen minagi sarnaselt Sinule kõigi asjade omanik.

Isa, õpeta mulle teiste heaolu kaasamist mu enda heaolu püüdlustesse.

KÕIGES OLEV ÜKS

MA NÄEN OMA isa, ema ning sõprade nähtavat ja Nähtamatut vormi, nad on saadetud siia mind armastama ja aitama. Neid kõiki armastades avaldan oma Jumala-armastust. Nende inimlike kiindumuste väljendustes tunnen ma ära Ühe Jumaliku Armastuse.

Ma kummardan kõigis inimvendades ja elutemplites oleva Kristuse ees.

Oo Isa, õpeta mind tundma, et Sina oled vägi kogu rikkuse taga ja väärtus kõigis asjades. Leides esmalt Sinu, leian Sinus kõik ülejäänu.

Tean, et kus iganes inimesed tunnustavad mu püüdlust teha head, on koht, kus saan kõige enam teenida.

Oo, Seaduse Issand, kuna kõik asjad on otse või kaudselt juhitud Sinu tahtest, siis toon kõigi eluprobleemide lahendamiseks Sinu kohalolekut teadlikult meditatsiooni kaudu oma mõistusse.

Metafüüsilised meditatsioonid

Jumal on rahu. Taandage end seesoleva mõõtmatu rahu rüppe. Jumal on meditatsiooni alati uus rõõm. Taandage end teis peituvas suure armastuse embusse.

Oo, Mõõtmatu Ainus, näita alati oma hõõguvat nägu kõigis mu rõõmudes ja minu leegitsevas armastuses Sinu vastu.

Õpeta mind teadma, et Sina oled vägi, mis hoiab mind terve ja õitsvana otsimas Tõde.

Ma olen Mõõtmatu säde. Ma ei ole luu ja liha, olen valgus.

Teiste edule kaasa aidates leian ma iseenda õitsengu. Teiste heaolus leian ma iseenda heaolu.

ENESEPARANDAMISEST

MEDITEERIGE KUUKIIRTEST

SEGAGE OMA MÕISTUS öiste kuukiirtega. Peske nendes kiirtes oma kurbust. Hoomake vaikselt üle keha, üle puude, üle mõõtmatute maade levivat müstilist valgust. Seistes avatud silmadega vaikses paigas, silmitsege kuukiirte valgusest kaugel eemal vinesse mattunud säravat horisonti. Laske oma mõistusel meditatsiooni tiivalöökide kaudu levida nähtavate vaatepiltide ja horisondi taha. Lubage meditatsioonil libiseda kujutluste maale teispool nähtavat silmapiiri.

Laotage oma mõistus üle kuukiirtest valgustatud maastiku, hägusate tähtede ja eetri igavese vaikuse taga peituvate kaugete taevaste, üle kõige, mis tuksleb elust. Vaadake, kuidas kuukiired levivad mitte ainult maakera ühel poolel, vaid kõikjal teie avara mõistuse igavikulistes valdustes. Mediteerige, kuni te ratsutate oma rahulikkuse jahedatel kuukiirtel üle piiritute taevaste ja vaatate mõistmises universumit kui Valgust.

Metafüüsilised meditatsioonid

VABADUSE SAAVUTAMINE

MILLEKS SIDUDA igavest hinge ihu luise posti külge? Laske tal minna! Lõigake läbi kehateadvus, klammerdumine keha, nälja, naudingu, valu ning kehaliste ja mentaalsete tegevuste külge. Lõdvestuge. Vabastage hing keha haardest. Ärgu meenutagu lõõtsutav hingamine teile füüsilisi trelle. Istuge vaikselt hinguseta vaikuses, oodates igal hetkel sööstu vabadusse, Mõõtmatusse. Ärge armastage oma maist vanglat. Vabastage mõistus kehast terava vaikuse noaga. Lõigake teadvus kehast vabaks. See vabandab kõik omaks võetud piirangud. Eemaldage oma teadvus köidikust, mis seob teda keha posti külge. Tormake oma teadvusega kehast välja, tuisates üle teiste mõistuste, südamete ja hingede. Süüdake kõigis eludes põlema oma valgus. Tundke, et te olete kogu looduse loomingus särav Üks Elu.

LOOV TEGEVUS

MA KASUTAN loova mõtlemise võimet igas oma algatatud väärtuslikus projektis ja saavutan edu. Jumal aitab mind, kui ma püüan ennast ise aidata.

Eneseparandamisest

Matsin kõik surnud pettumused eilse päeva surnuaeda. Täna künnan ma eluaeda oma uute loovate pingutustega. Külvan sinna tarkuse, tervise, heaolu ja õnne seemneid. Ma kastan neid enesekindluse ja usuga ning ootan, et Jumalik annaks mulle õiglase saagi.

Kui mul ka pole midagi koristada, siis tänan ma rahulduse eest, et püüdsin anda endast parima. Ma tänan Jumalat, et mul on võimalus püüda uuesti ja uuesti, kuni lõpuks Tema abiga mu jõupingutus õnnestubki. Ma tänan Teda, kui mul on õnnestunud täita oma südame väärikas soov.

Ma püüan Jumala meeleheaks ette võtta vaid kohusega seotud õilsaid tegevusi.

Ma olen oma heasoovliku tahte- ja tegevustelaeva kapten. Ma juhin oma elulaeva, pidades alati orientiirina silmas Tema rahu Põhjanaela, mis särab mu sügava meditatsiooni tähistaevas.

Ma olen rahulikult aktiivne ja aktiivselt rahulik. Ma ei muutu laisaks ega mentaalselt jäigaks. Ma pole

Metafüüsilised meditatsioonid

ka üleliia tegutsev, olen võimeline teenima raha, kuid võimetu nautima elu. Ma mediteerin regulaarselt tõelise tasakaalu saavutamiseks.

Täna avan ma oma rahulikkuse ukse ja lasen Sinu sammudel õrnalt oma tegevuste templisse siseneda. Ma täidan kõiki kohustusi häirimatult, rikkana rahust.

Kui ma kasutan oma loovuse väge, siis pean meeles, et see oled Sina, kes minu kaudu töötab ja loob.

JUMALA HEAKS TÖÖTAMINE

MA OMANDAN jumalikult sügava Jumala antud keskendumise kunsti ja kasutan selle piiramatut väge elu nõudmiste rahuldamiseks.

Ma teen kõike sügava tähelepanuga: oma koduseid toimetusi, kontoritööd, tööd maailmas – täidan hästi nii väikesi kui suuri kohustusi.

Peale Jumalaga kontakteerumist meditatsioonis lähen oma tööd tegema ja kuhu iganes mul tuleb minna, lähen teadmises, et Ta on minuga, juhatab mind ja annab mu püüdlustele väe.

Ma kasutan oma raha selleks, et maailmapere võimetekohaselt õnnestada.

HIRMU JA MURETSEMISE ÜLETAMINE

JUMAL ON MINUS, mu ümber, kaitstes mind, seega peletan ma minema hirmu hämaruse, mis pimestab Jumala teednäitava valguse ja paneb mind komistama vigade kraavi.

Ma pühin Jumaliku Ema leevendava rahusõbaga haiguste, kurbuse ja ignorantsuse hirmu-unenäod.

Õpeta mind olema vastupidav ja ettevaatlikult vapper selle asemel, et olla tihti kartlik.

Ma olen oma hea südametunnistuse kindlusemüüri taga kaitstud. Ma olen põletanud ära oma mineviku. Mind huvitab vaid tänane päev.

Ma ei karda midagi peale iseenda – siis, kui ma püüan tüssata oma südametunnistust.

Metafüüsilised meditatsioonid

Täna põletan ma ära murede ja hirmude haokubud ja süütan õnnetule sisemise Jumala-templi valgustamiseks.

Isa, õpeta mind mitte piinama ennast ja teisi armukadeduse inetu leegiga. Õpeta mind rahuldusega vastu võtma ärateenitud headuse ja sõpruse mõõtu. Õpeta mind mitte oigama selle pärast, mida ma ei ole saanud. Õpeta mind kasutama teiste äratamiseks armastust, mitte armukadedust.

Nagu päike levitab oma eluandvaid valgusekiiri, levitan minagi vaeste ja hüljatute südameis lootusekiiri ning süütan uue väe nende hinges, kes arvavad, et on äpardunud.

Ma otsin esmalt ja kõige viimaks ning kogu aeg jumalikku turvalisust katkematus mõtlemises Jumalast, kes on mu kõige suurem Sõber ja Kaitsja.

Taevane Vaim, õnnista mind, et ma võiksin kergesti leida õnne selle asemel, et hakata muretsema iga katsumuse ja raskuse juures.

Eneseparandamisest

VIHAST ÜLESAAMINE

MA VÕTAN ENDALE PÄHE, et ma ei kanna oma näol enam kunagi vihamaski. Ma ei süsti vihamürki oma rahu südamesse, tappes niiviisi oma vaimset elu.

Ma olen vihane vaid viha enda ja ei millegi muu peale. Ma ei ole vihane kellegi peale, sest nii head kui halvad on mõlemad jumalikud vennad, sündinud mu ainsast jumalikust Isast.

Ma rahustan teiste raevu iseenda rahulikkusega, eriti kui ma näen oma vendasid viha deliiriumis kannatamas.

Õpeta mind mitte viha süütama, sest raevutulekahjus hävitaksin ma nii endas kui teistes rohelised rahuoaasid. Õpeta mind kustutama viha oma katkematu armastuse veejugadega.

Taevane Isa, käsuta mu headuse järve jääma alatiseks häirimatuks viletsust loovast vihast.

Metafüüsilised meditatsioonid

KRIITIKAST JA VÄÄRITI MÕISTMISEST

MA EI RAISKA oma aega teiste vigadest rääkimisele. Kui ma leian end nautimas teiste tagarääkimist, siis räägin ma kõige esmalt teiste ees valjusti iseendast.

Ma ei kritiseeri kedagi, kui just inimene seda ise teha ei palu ja ka siis vaid soovist aidata.

Ma üritan aidata kõiki lahke ja taktitundelise tegevusega, püüdes alati kõrvaldada kõik oma teadlikult või ebateadlikult põhjustatud väärarusaamad.

Kui juhatan mind vääriti mõistnud inimeste südameid, teen seda suurima lahkusega.

Pühin ära oma kurbusepisarad leides, et Sulle pole oluline, kas mängin suurt või väikest rolli – nii kaua, kui mängin seda hästi.

Ma otsin esmalt Jumalat – siis saavad kõik mu soovid rahuldatud. See, kas ma elan palees või hütis, ei oma mingit tähtsust.

Ma kasutan oma ausalt teenitud raha lihtsaks elamiseks, püüdlemata luksust.

Ma valmistan oma mõistuse ette, et keegi ei saaks mulle solvavate sõnade või tegudega haiget teha, et keegi ei saaks mind kiidulauluga panna mõtlema, et olen suurem kui olen.

Ma ei hooli midagi julmast, valest kriitikast ega ka kiidusõnade lillevanikutest. Mu ainsaks sooviks on teha Sinu tahtmist, olla Sulle meele järgi mu Taevane Isa.

Ma kõnelen tõtt, kuid ma väldin alati kõnelemast ebameeldivaid või haavavaid sõnu. Ma ei kritiseeri kunagi, kui seda ei motiveeri heatahtlikkus.

Ma levitan oma heatahtlikkuse päikesepaistet sinna, kus asuvad pimedus ja vääritimõistmine.

ALANDLIKKUSEST JA KÕRKUSEST

KÕIK MINU VÕIMED on vaid Sinu käest laenatud võimed. Keegi pole Sinust suurem, oo, mu Isa! Ilma Sinu tarkuse ja tugevuseta lakkaksin ma elamast ja end väljendamast. Sina oled nii suur — mina olen nii väike.

Treeni mind olema vaba uhkusest. Sina oled Õpetaja, kes õpetab kõigi hingede templites. Ma kummardan Su ette kõigi jalge ees.

Ma alistan kõrkuse alandlikkusega, raevu armastusega, erutuse rahulikkusega, isekuse isetusega, kurjuse heaga, ignorantsuse teadmistega ja rahutuse sisemise vaikuse sügavuses omandatud määratu rahuga.

Ma olen oma alandlikkuse üle uhke. Ma tunnen austust, kui keegi mind Jumala töö tegemise juures kritiseerib. Ma rõõmustan iga võimaluse eest anda vihkamise vastu armastust.

MAISTEST NAUDINGUTEST

TARKUSE TULI PÕLEB. Ma toidan tema leeki. Kurvastamisest pole mingit kasu! Ma toidan igaveste teadmiste tuld kõikide kaduvate naudingute ja ajutiste püüdluste halgudega. Kogu kalliks peetud soovihaluste puiduvaru, mille ma moeka naudingute mööbli jaoks olen kõrvale pannud, heidan näljastesse leekidesse.

Eneseparandamisest

Ah, mu ambitsioonide müriaadid pragisevad rõõmsalt Jumala leekide puudutusest. Mu muistsed kired, valdused, kehastused, paljud mu kujuteldavad kuningriigid, mu unistuste õhulossid – kõik neelab mu enda poolt süüdatud tuli.

Vaatan tulelõõma mitte kurbuse, vaid rõõmuga, see viis endaga mu kurbusest painatud kujutluste hooned. Olen rõõmsam kui kuningas, kel on varandust.

Olen iseenda kuningas, mitte kujutelmadest orjastatud omanduste valitseja. Midagi omamata valitsen oma hävimatu rahu kuningriiki. Ma pole oma hirmude teenriks ega orjaks võimalikele kaotustele. Mul pole midagi kaotada. Ma istun alatise rahulduse troonil. Ma olen kuningas tõeliselt.

KIUSATUSTEST ÜLESAAMINE

OO VAIM, ÕPETA MIND tegema vahet hinge kestva õnne ja meelte ajutiste naudingute vahel.

Õpeta mind läbima meelelisi naudinguid. Õpeta distsiplineerima oma meeli, et nad võiksid mind alati teha tõeliselt õnnelikuks. Õpeta mind asendama ihulist kiusatust peibutava hingeõnnega.

Ma naeran kõigi hirmude üle, sest mu Isa-Ema, armastatud Jumal, on tähelepanelikult ärkvel ja alati kohal, et kaitsta mind kurjuse kiusatustest.

Oo, Igavene Vallutaja! Õpeta mind treenima endas õilsaid omadusi – rahulikkuse ja enesekontrolli sõdureid. Ole Sina nende Jumalikuks Kindraliks minu lahingus viha, tänamatuse, valelikkuse – tumedate jõudude vastu. Lase mul heisata oma eluriigi kohale Sinu alistumatu õigluse lipp.

Oo, Isa, treeni mu meelte-lapsi Sinu kodust eemale ekslemast. Pööra mu silmad sissepoole, vaatamaks Sinu igavesti muutuvat ilu – harjuta mu kõrvu kuulama Sinu laulu iseendas.

Jumalik Ema, õpeta mind kiinduma Sinusse, et ma ei seoks end materiaalsete naudingutega. Õpeta mind, kuidas alistada Sinu armastuse jõul soov maise elu järele.

Jumalik Õpetaja, distsiplineeri mu rumalaid, tõrksaid meeli – vaimsusta nende naudinguid, et nad

Eneseparandamisest

vaataksid alati kaugemale sädelevate nähtavate kujutiste illusioonist ning leiaks jumaliku rõõmu lihtsuses.

TAHTE ARENDAMISEKS

TÄNA VALMISTAN ma oma mõistuse ette saavutamaks edu kõiges, mida teen. Tahtejõud on vapustav tegur kõigis tegevustes. See võib käivitada lõputu kosmilise energia liikumise.

Oo, Igavene Energia, ärata minus teadlik tahe, teadlik elujõud, teadlik tervis, teadlik mõistmine.

Õpeta mind, oo, Vaim, tegema koostööd Sinu tahtega, kuni kõik minu mõtted on kooskõlas Sinu harmooniliste plaanidega.

Minus on olemas varjatud võime ületada kõik takistused ja kiusatused. Väljendan alistamatut energiat ja väge.

Vankumatu Issand, õpeta mind kasutama oma tahet lakkamatult heade tegude tegemiseks – kuni minu tahte väike tuluke põleb Sinu kõikvõimsa tahte kosmilise palanguna.

Metafüüsilised meditatsioonid

Armastatud Isa, ma tean, et tugeva tahtejõuga võin ma saada üle haigustest, läbikukkumistest ja ignorantsusest, kuid tahe peab võnkuma tugevamalt kui kehaline või mentaalne haigus. Mida kroonilisem on haigus, seda tugevam, püsivam ja kustumatum peab olema otsusekindlus, usk ja tahtepingutus.

Täna viljelen ma initsiatiivi. Algatusvõimeline inimene loob midagi ei millestki. Ta teeb võimatu võimalikuks Vaimu suure leiutava väega.

Taevane Isa, aita mul tugevdada tahtejõudu. Õpeta mind mitte olema harjumuste ori. Juhata mind, et võiksin arendada end nii seesmise kui välise distsipliini kaudu.

Ma häälestan oma vaba tahte Jumala mõõtmatu tahte järgi ja mu ainsaks sooviks on tegutsemine Tema tahtel, kes on mind siia asetanud.

TARKUS JA MÕISTMINE

KUNA SINU HÄVIMATU täiuslikkuse kujutis asub minus, siis õpeta mind ära pühkima

Eneseparandamisest

pealiskaudseid ignorantsuse plekke ja teadma, et Sina ja mina oleme üks ja oleme seda alati olnud.

Põgenegu kõik lärmavad deemonlikud mõtted, et Sinu vaiksed juhatavad laulusosinad oleksid minu unustavale hingele kuuldavad.

Ma näen tarkust ignorantsuses, rõõmu kurbuses, tervist haiguses, sest ma tean, et Jumala täiuslikkus on ainus tegelikkus.

Ma olen Jumala surematu laps, kes elab väheke aega selle keha karavansarais.[1] Ma olen siin, et vaadata selle muutuva elu tragöödiaid ja komöödiaid muutumatu õnne hoiakuga.

Kuna Jumal annab mulle kõik, mida ma vajan, siis tunnen ma esmalt Teda, Tema nõuannet kasutan selleks, et soovida ja teha vaid seda, mida Tema tahab.

Olles varustatud vaba valikuga, olen ma tõesti Jumala poeg. Ma olen unelenud, et ma olen surelik inimene. Nüüd olen ma ärkvel. Unenägu, kus mu hing

---

[1] Karavansarai ehk karavanide peatuspaik idamaades, kus sealsed karavanid oma teel puhkasid – siin tähendab see hinge ajutist peatuspaika teekonnal läbi kehastuste.

Metafüüsilised meditatsioonid

on vangistatud kehalisse puuri, on nüüd haihtunud. Ma olen kõike sedasama, mida on mu Taevane Isa.

Igal hommikul äratan ma oma erapooletu sisevaatluse kohtumõistja ja palun tal mind südametunnistuse tribunali ees üle kuulata. Minu eristamisvõime on nagu vandeadvokaat, kel tuleb võtta vastutusele kõik eksimused, kes röövlitena mu hinge rahuvarandust riisuvad.

Ma ehitan tarkuselossi rahu surematus, kaunite hingeomaduste lilledest säravas aias.

Ma püüan teha ennast ja kõiki teisi rikkaks Jumalast – kõige esmalt ja kõige viimaks.

Jumal, kõikeläbiv Isa, Jumal, sisemine Kristuse Teadvus ja püha loova Võnkuva Väe Jumal – kingi mulle tarkust, et tunda tõde! Ja lase mul tõusta läbi enesepingutuse ja seadusetundmise eneseteostuse redelit mööda üles, et seista lõpuks teostumise säraval tippkohtumisel – näost näkku Ühe Vaimuga.

Mürsk mürsu järel purustavad mu püüdlused Sinu järele minu eksikujutluste kaitsevalle. Tarkuse rakettide ja otsusekindluse süngete relvadega hävitan ma oma ignorantsuse kindluse.

Eneseparandamisest

Armas Isa, mis iganes tingimustega mul kokku tuleb puutuda, ma tean, et need esindavad järgmist sammu mu avanemisel. Ma tervitan kõiki proovilepanekuid, kuna tean, et mu sees on arukus mõista ja vägi kõigest jagu saada.

Ma olen rahuprints, kes istub tasakaalu troonil, juhtides oma tegevuste kuningriiki.

Selle asemel, et olla hajameelne, kasutan oma vabu hetki Sinust mõtlemiseks.

Jumalik Isa, tänasel päeval teen ma pingutuse, et mõista oma tahtejõu targa kasutamise suurt tähendust.

Et suunata enda harjumustest juhitud tahet, häälestan ma ennast Sinu tarkusest juhitud tahtele.

Ma viljelen mõistuses rahu, teades, et Jumal on alati minuga. Ma olen Vaim!

JÕULUMEDITATSIOONID

MEDITATSIOONID JÕULULAUPÄEVAKS

VIIGE OMA SULETUD SILMADE PILK ÜLES ja keskenduge. Vaadake astraalset jumalikku tarkuse tähte ja lubage oma arukusel sellele teleskoopilisele tähele järgneda, et näha Kristust kõikjal.

Sel igavesti kestvate jõulupühade, pidulikul kõikjaloleva Kristuse Teadvuse maal leiate te Jeesuse, Krišna, kõigi religioonide pühakud, suured gurud-õpetajad, kes on ootamas, et korraldada teile jumalikku lilledega vastuvõttu ja igavestikestvat õnne.

Valmistage ennast selleks Kristus-lapse tulekuks, kaunistades seesmist jõulupuud. Ümber selle püha puu asetsevad rahulikkuse, andestuse, õilsuse, teenimise, lahkuse, vaimse mõistmise ja pühendumuse kingid – igaüks neist pakitud hea tahte kuldsesse paberisse ja seotud kinni siiruse hõbepaelaga.

Las Issand avab teie vaimse ärkamise jõuluhommikul te südamete ohverduste imelised, rõõmupisaratega pitseeritud kingitused, mis on kinni seotud teie igavese truudusega Temale.

Metafüüsilised meditatsioonid

Ta võtab vastu vaid pühitsetud hingeomaduste kingitusi. Kingituste vastuvõtmine on Tema suurimaks kingiks teile, sest see tähendab, et kink, mida Ta teile annab ei ole midagi vähemat kui Tema Ise. Andes Iseend, muudab Ta teie südame piisavalt suureks, et sinna ära mahtuda. Teie süda tuksub siis kõiges koos Kristusega.

Nautige seda pühitsemist, seda Kristuse sündi oma mõistuses ja hinges ning igas elavas aatomis.

Igapäevase meditatsiooniga valmistate te ette oma teadvuse hälli mõõtmatu Kristus-lapse hoidmiseks. Iga päev muutub tõeliseks jumaliku üksolemise jõulupühaks.

Ma olen Jumala poeg, nii nagu oli Jeesus, jõudes Jumalani oma pühitsetud, meditatsioonist avardunud teadvuse kaudu.

JÕULUPÜHADE VANNE

MA VALMISTUN Kõikjaloleva Kristus-lapse tulekuks, puhastan seni veel roostes südamehälli isekusest, ükskõiksusest ja meelelistest kiindumustest ning poleerin seda sügava, igapäevase jumaliku meditatsiooni, sisevaatluse ja eristamisega. Ma ümbritsen hälli vennaliku armastuse, alandlikkuse, usu, Jumala-teostuse soovi, tahtejõu, enesekontrolli, loobumise ja isetuse sädelevate hinge-omadustega — et ma võiksin sobivalt tähistada Jumaliku Lapse sündi.

JÕULUHOMMIKU MEDITATSIOON

TÄHISTAGE KRISTUSE SÜNDI oma teadvuse hällis jõulude ajal. Tundke oma südames Tema määratut suurust looduses, ilmaruumis, ja kõikehõlmavas armastuses.

Purustage seisuste, nahavärvi, rassilise kuuluvuse, religioossete eelarvamuste ja ebakõla piirangud, et teie südame häll oleks piisavalt suur, mahutamaks Kristuse-armastust kogu loodu vastu.

Valmistage sisetundest juhituna igal jõuluhommikul kaunid jumalike omaduste kingipakid ja edastage need armastatud hingedele, kes on kogunenud

Metafüüsilised meditatsioonid

seesmise ärkamise[1] Jõulukuuse ümber, tähistamaks Tema sündi mõistmises, tões ja õndsuses.

Tähistades kõiketeadva ja kõikjaloleva Kristuse Teadvuse sündi teie seesmise ärkamise rõõmurikkal jõulupühal, leiate te oma unistuste alatise õnne.

Laske kõiketeadval Kristuse Teadvusel[2] tulla Maa peale teist korda ja sündida teis – nii nagu sai see ilmutatud Jeesuse teadvuses.

KUJUMUUTEV KRISTUS

KRISTUS ON MINUS ALATI OLEMAS OLNUD. Ta on jutlustanud mu teadvuse kaudu kõigile mu lärmakatele ja ülikriitilistele mõtetele. Meditatiivse intuitsiooni võlukepikesega on Ta vaigistanud minu ja paljude teiste elutormid. Ma olin mentaalselt pime, mu tahe oli nüri – kuid ma sain tervendatud minus ärganud Kristuse läbi.

Kristus jalutas mu mõistuse rahututel vetel, ent ometi reetis meeleliste peibutuste Saatanast

---

1 Selgroog koos seal oleva kuue tšakra ehk valguse ja eluenergia keskustega.

2 Sanskriti keeles *Kutastha Chaitanya* - kogu loodus olev muutumatu õndsuslik teadvus. Igas võnkuva looduse aatomis olev Vaimuteadlikkus.

eksitatud Juudas – rahutus ja ignorantsus Kristuse rahulikkuse ja rõõmu minu sees ning lõi selle jumalikkuse unustuse ristipuule.

Kristus käskis mu surnud tarkusel ära heita eksikujutluse surilina ja äratas mu tarkuse uuele elule.

Viimaks kuuletusid minu meditatsiooni kõrgele mäetipule ilmunud Kristuse käskudele kõik need õpilased – mu tahe, usk, intuitsioon, puhtus, lootus, meditatsioon, õiged soovid, head harjumused, enesekontroll, meeltest üleolek, pühendumine ja tarkus.

Oo, Jeesuse ja kõigi meie kehades olev elav Kristus, ilmuta Ennast Oma hiilguse olemuses, Sinu valguse väes, Sinu täiusliku tarkuse väes.

JÕULUMEDITATSIOON

KÕIK MU MÕTTE kaunid meditatsiooni jõulupuud pühendumise haruldaste kinkidega, pitseeritud kuldsete südamepalvetega – Kristus tule ja võta vastu mu alandlikud kingid.

Metafüüsilised meditatsioonid

Ma ühinen mentaalselt jumalateenistusega kõigis mošeedes, kirikutes ja templites ja tajun universaalse Kristuse Teadvuse sündi rahuna kõigi pühendud südamete altaril.

Oo, Kristus, olgu Sinu armastuse sünd tuntav kõigis südametes jõulupühadel ja kõigil teistel päevadel.

Oo, Kristus, õnnista Oma lapsi, et nad teeksid Sinu seadustega sisemist koostööd. Lase meil saada aru, et hädade eest oled Sina parim varjupaik.

Oo, Kristus, õpeta meid olema nagu Sina, pühendunud oma Isale.

Peale paljusid kehastusi kestnud ootamist on Kristus minus uuesti sündinud. Kõik mu väikse mõistuse piirid on purustatud, et Kristus-laps võiks mu teadvuse süles ärgata.

Kristuse-Teadvus minus on karjane, kes juhib minu rahutud mõtted mu jumaliku rahu koju.

Oo, Issand! Tee mu süda piisavalt suureks, et sinna mahuksid ära Sina, et see tuksleks kõiges ühes

Jõulumeditatsioonid

Kristuse Teadvusega. Siis naudin ma iga pulseeriva aatomiga Sinu sünni pidustusi oma mõistuse ja hinge ühtsuses.

AUTORIST

Paramahansa Yogananda (1893-1952) on laialdaselt tuntud meie aja ühe silmapaistvaima vaimse suurkujuna. Sündinud Põhja-Indias, tuli ta 1920. aastal Ühendriikidesse, kus ta õpetas enam kui kolmekümne aasta vältel India muistset meditatsiooniteadust ja tasakaalustatud vaimse elamise kunsti. Oma kuulsa elulookirjelduse *„Joogi autobiograafia"* ning suure hulga teiste raamatute kaudu on ta juhatanud miljoneid lugejaid ida- ja lääne religioossete traditsioonide aluseks olevate ajatute tõdede juurde.

1920. aastal asutas Paramahansa Yogananda organisatsiooni Self-Realization Fellowship (Indias tuntud kui Yogoda Satsanga Society of India), mis tegi võimalikuks läände toodud õpetuste edastamise. Yogananda välja pakutud ühiskondlikes eesmärkides ja ideaalides on ära toodud vahetu isikliku Jumala-kogemuse saavutamise teadusliku tehnika levitamise ning kõigi religioonide alusmüüriks oleva tõe põhiprintsiibid – et edendada seeläbi suuremat harmoonia vaimu maailma erinevate rahvaste ja inimeste vahel.

Pakkudes praktilisi elamise õpetusi, otsis Paramahansa Yogananda võimalust anda igast rassist ja usutunnistusest inimestele vahendeid, et vabastada end füüsilisest, mentaalsest ja vaimsest ebakõlast ning teostada ja väljendada oma eludes palju täiuslikumalt ilu, õilsust ja inimvaimu tõelist jumalikkust. Tema õpetuste levitamise ülemaailmne töö jätkub ühe tema lähedasema õpilase, 1920. aastal asutatud rahvusvahelise Self-Realization Fellowshipi ühingu praeguse presidendi Sri Mrinalini Mata juhtimise all.

PARAMAHANSA YOGANANDA – JOOGI ELUS JA SURMAS

Paramahanda Yogananda sisenes *mahasamaadhisse* (joogi lõplik teadlik kehast väljumine) Los Angeleses Californias 7. märtsil 1952. aastal pärast oma kõne lõppu India suursaadik H. E. Binay R. Sen'i auks korraldatud banketil.

Suur maailmaõpetaja demonstreeris jooga väärtuseid (Jumala-teostuse teaduslikke tehnikaid) mitte ainult elus, vaid ka surmas. Nädalaid peale lahkumist säras tema nägu muutumatuna lagunemise tundemärkideta jumalikus hiilguses.

Los Angelese Forest Lawn Memorial-Park'i surnukambri (kuhu suure meistri keha ajutiselt asetati) direktor mr Harry T. Rowe saatis *Self-Realization Fellowshipile* notariaalse kirja, millest on võetud järgmised kirjaread:

„Kõikvõimalike nähtavate lagunemise märkide puudumine Paramahansa Yogananda surnukehas kujutab meie jaoks kõige ebatavalisemat juhtumit ... Mingit füüsilist lagunemist polnud tema kehas näha isegi kakskümmend päeva peale surma ... Tema nahal ei olnud näha hallituse märke ja tema keharakkudes ei toimunud mingit kuivamist. Meie surnukambri annaalide kohaselt pole tema keha täiuslikku säilimist võimalik võrrelda ... Yogananda keha säilitamisel lootis surnukambri personal läbi puusärgi klaasist kaane näha tavalisi kehalise lagunemise tundemärke. Meie hämmastus suurenes, kui päev järgnes päevale toomata mingeid nähtavaid muutusi vaatlusaluses kehas. Yogananda keha oli ilmselt fenomenaalses muutumatus seisundis ..."

„Mingit lõhna ega lagunemist ei ilmnenud tema kehas ühelgi hetkel ... 27. märtsil, just enne pronksist kaane paigaldamist, oli Yogananda füüsiline väljanägemine täpselt sama, mis 7. märtsil. Ta nägi 27. märtsil välja sama värske, kui oma surmaõhtul. 27. märtsil ei ilmnenud tema kehas vähimatki nähtavat lagunemist. Neil põhjustel kinnitame uuesti, et Paramahansa Yogananda juhtum on meie kogemuste põhjal ainulaadne."

PARAMAHANSA YOGANANDA EESTIKEELSED RAAMATUD

Joogi autobiograafia
Edu seadus
Kuidas kõnelda Jumalaga
Teaduslikud tervendamise jaatused
Metafüüsilised meditatsioonid
Religiooniteadus
Paramahansa Yogananda ütlused
Inimese igavene otsirännak

PARAMAHANSA YOGANANDA INGLISKEELSED RAAMATUD

Saadaval raamatupoodides või otse kirjastajalt:

Self-Realization Fellowship
3880 San Rafael Avenue • Los Angeles, California 90065-3219
Tel (323) 225-2471 • Fax (323) 225-5088
www.yogananda-srf.org

Autobiography of a Yogi

The Second Coming of Christ:
The Resurrection of the Christ Within You
Ilmutuslik kommentaar Jeesuse algupärasele õpetusele.

God Talks with Arjuna; The Bhagavad Gita
Uus tõlge ja kommentaar

Man's Eternal Quest
I osa Paramahansa Yogananda loengutest ja mitteametlikest esinemistest

The Divine Romance
II osa Paramahansa Yogananda loengutest, mitteametlikest esinemistest ja esseedest.

Journey to Self-Realization
III osa Paramahansa Yogananda loengutest ja mitteametlikest esinemistest.

Wine of the Mystic:
The Rubaiyat of Omar Khayyam — A Spiritual Interpretation
Inspireeritud kommentaar, mis toob valguse kätte "*Nelikvärsside*" mõistatusliku kujundlikkuse taga peidus oleva Jumalaga üksolemise müstilise teaduse.

Where There Is Light:
Insight and Inspiration for Meeting Life's Challenges

Whispers from Eternity
Valik Paramahansa Yogananda palveid ja jumalikke kogemusi ülendatud meditatsiooniseisunditest.

The Science of Religion

The Yoga of the Bhagavad Gita:
An Introduction to India's Universal Science of God-Realization

The Yoga of Jesus:
Understanding the Hidden Teachings of the Gospels

In the Sanctuary of the Soul:
A Guide to Effective Prayer

Inner Peace:
How to Be Calmly Active and Actively Calm

To Be Victorious in Life

Why God Permits Evil and How to Rise Above It

Living Fearlessly:
Bringing Out Your Inner Soul Strength

How You Can Talk With God

Metaphysical Meditations
Enam kui 300 vaimselt ülendavat meditatsiooni, palvet ning jaatust.

Scientific Healing Affirmations
Paramahansa Yogananda esitab siin jaatuse teaduse põhjapaneva seletuse.

Sayings of Paramahansa Yogananda
Ütluste ja tarkade nõuannete kogum, mis annab edasi Paramahansa Yogananda siirad ja armastavad vastused neile, kes on tulnud tema juurde juhatust saama.

Songs of the Soul
Mystisk poesi av Paramahansa Yogananda

The Law of Success
Selgitab inimese elueesmärkide saavutamiseks vajalikke dünaamilisi põhimõtteid.

Cosmic Chants
O60 pühendumusliku laulu sõnad (inglise keeles) ja muusika koos sissejuhatusega, mis seletab, kuidas vaimne skandeerimine võib viia meid üksolemiseni Jumalaga.

113

PARAMAHANSA YOGANANDA
AUDIOSALVESTISED

Beholding the One in All

The Great Light of God

Songs of My Heart

To Make Heaven on Earth

Removing All Sorrow and Suffering

Follow the Path of Christ, Krishna, and the Masters

Awake in the Cosmic Dream

Be a Smile Millionaire

One Life Versus Reincarnation

In the Glory of the Spirit

Self-Realization: The Inner and the Outer Path

SELF-REALIZATION FELLOWSHIPI TEISED TRÜKISED

Täielik kataloog, mis kirjeldab kõiki Self-Realization Fellowshipi trükiseid ja audio/video salvestisi, on saadaval nõudmisel.

The Holy Science
autor Svaami Sri Yukteswar

Only Love: Living the Spiritual Life in a Changing World
autor Sri Daya Mata

Finding the Joy Within You: Personal Counsel for God-Centered Living
autor Sri Daya Mata

God Alone: The Life and Letters of a Saint
autor Sri Gyanamata

"Mejda": The Family and the Early Life of Paramahansa Yogananda
autor Sananda Lal Ghosh

Self-Realization
(kvartalis ilmuv ajakiri, mille 1925. aastal asutas Paramahansa Yogananda)

SELF-REALIZATION FELLOWSHIPI ÕPPETUNNID

Paramahansa Yogananda õpetatud teaduslikud tehnikad, nende hulgas *Kriija jooga* — ja samuti tema juhised tasakaalustatud vaimsest elamisest on ära toodud trükitud õppematerjalides *"Self-Realization Fellowshipi õppetunnid"*. Lisateabe vajamisel kirjutage ja küsige palun inglise-, hispaania- ja saksakeelset tasuta trükist *"Teostamata unistuste võimalused"*.

www.ingramcontent.com/pod-product-compliance
Lightning Source LLC
Chambersburg PA
CBHW031941070426
42450CB00005BA/341